CARTEA COMPLETĂ DE PEPPERONENI

Explorând lumea picant a creațiilor pepperoni prin 100 de rețete

Aurelian Sava

Material cu drepturi de autor ©2023

Toate drepturile rezervate

Nicio parte a acestei cărți nu poate fi utilizată sau transmisă sub nicio formă sau prin orice mijloc fără acordul scris corespunzător al editorului și al proprietarului drepturilor de autor, cu excepția citatelor scurte utilizate într-o recenzie. Această carte nu trebuie considerată un substitut al sfaturilor medicale, juridice sau de altă natură profesională.

CUPRINS _

- CUPRINS _ 3
- INTRODUCERE 6
- MIC DEJUN 7
  - 1. Pepperoni și Mozzarella Cruffin 8
  - 2. Vafe cu pizza italiană 10
  - 3. Croissant cu pizza 12
  - 4. Croissant cu pepperoni picant 15
  - 5. Pâine pentru pizza detașabilă 17
  - 6. Omletă cu pepperoni și brânză 19
  - 7. Burrito de mic dejun pepperoni 21
  - 8. Brioșe pentru mic dejun cu ardei și spanac 23
  - 9. Mic dejun hash pepperoni și cartofi 25
  - 10. Quesadilla pepperoni și ciuperci 27
  - 11. Pizza de mic dejun pepperoni și ouă 29
  - 12. Sandwich de mic dejun cu ardei și roșii 31
  - 13. Biscuiți pentru mic dejun pepperoni și cheddar 33
  - 14. Wrap pentru mic dejun pepperoni și avocado 35
  - 15. Caserolă pepperoni și hash brown 37
  - 16. Frittata de mic dejun pepperoni și dovlecel 39
  - 17. Pepperoni și brânză Mic dejun Covrigi 41
- GUSTĂRI 43
  - 18. Chipsuri de pepperoni 44
  - 19. Pizza fierbinte Super dip 46
  - 20. Bombe de covrigi umplute cu pizza 48
  - 21. Scones Pizza Pepperoni 50
  - 22. Grisoare de pepperoni 52
  - 23. Ranch Pizza Pinwheels 54
  - 24. Pizza cu brioșe englezești pepperoni 56
  - 25. Grisoare Carbquik Pepperoni 58
  - 26. Rulouri de pizza cu brânză 60
  - 27. Rulouri cu pepperoni italian 62
  - 28. Jalapeno bombe 64
  - 29. Cheesy Pizza Pinwheels 66
  - 30. Quesadillas rapide și ciudate 69
  - 31. Dip de pizza cu pepperoni cu brânză 71
  - 32. Ranch Pizza Pinwheels 73
  - 33. Pepperoni și ciuperci umplute cu spanac 75
  - 34. Pepperoni, provolone & Pecorino Pita 77
  - 35. Brochete de pepperoni și brânză 79
  - 36. Rulouri cu pepperoni și cremă de brânză 81
  - 37. Mușcături de pepperoni și măsline 83

38. Pepperoni și ciuperci umplute cu legume 85

PIZZA 87

39. Pizza albă Carbquik 88
40. Pizza pepperoni cu busuioc de grădină 90
41. Pizza Deep-Dish din fontă 92
42. Pizza ramen cu pepperoni fals 95
43. Pizza cu pepperoni și legume 97
44. Pizza cu pepperoni și bacon BBQ 99
45. Pizza pepperoni și pesto 101
46. Pizza Alfredo cu ardei și ciuperci 103
47. Pizza cu anghinare pepperoni și spanac 105
48. Pizza cu pepperoni și pui Alfredo 107
49. Cana cu microunde Pizza 109
50. Pizza cu pui de pepperoni și bivoliță 111
51. Pizza Mac Brânză 113
52. Pepperoni și pizza mediteraneană 115

PASTE 117

53. Paste pepperoni și cârnați la cuptor 118
54. Lasagna pepperoni 120
55. Coji umplute Alfredo pepperoni și broccoli 122
56. Scoici umplute pepperoni și ricotta 124
57. Pepperoni cu brânză Rigatoni la cuptor 126
58. Paste Penne Pepperoni și Roșii 129
59. Pepperoni și Broccoli Alfredo Linguine 131
60. Rigatoni pepperoni si spanac cu marinara 133
61. Spaghete cu pepperoni și ciuperci Aglio e Olio 135
62. Pesto Cavatappi pepperoni și roșii uscate 137
63. Pepperoni și dovlecel cu tăiței 139
64. Fettuccine pepperoni și ardei roșu prăjit 141
65. Spaghete cu pepperoni și sparanghel cu lămâie 143

FORM PRINCIPAL 145

66. Pâine pesto cu ardei și roșii uscate 146
67. Carbquik Pizza Caserolă 148
68. Pui Pepperoni 151
69. Calzone cu pepperoni și ciuperci 153
70. Piept de pui umplut pepperoni si spanac 155
71. Supă Pizza Cu Pâine prăjită cu usturoi 157
72. Pepperoni și Calamari cu crustă de porumb 159
73. Calzone la gratar 161
74. Chiftele cu ardei 163
75. Pepperoni și ardei gras umpluți cu legume 165
76. Pepperoni și Stromboli de Legume 167
77. Tortellini cu pepperoni și pesto 169

SUPE 171
- 78. Cioda de pizza pepperoni 172
- 79. Chili de curcan înăbușit cu pepperoni 174
- 80. Supă de brânză pepperoni..176
- 81. Supă de pepperoni și roșii 179
- 82. Supă de pepperoni și fasole..181
- 83. Cioda de ardei si cartofi 183
- 84. Supă de pepperoni și linte 185
- 85. Supă de pepperoni și ciuperci de orz.......................................187
- 86. Supă de pepperoni și fasole albă 189
- 87. Supă pepperoni și tortellini 191
- 88. Supă Orzo cu ardei și spanac 193

SALATE 195
- 89. Salata Tortellini 196
- 90. Salată Wonton Antipasto...198
- 91. Pepperoni și salată de paste 200
- 92. Pepperoni și salată Caesar 202
- 93. Salata de ardei si naut..204
- 94. Salata Caprese de Pepperoni si Avocado................................206
- 95. Salata de pepperoni si quinoa..208
- 96. Salata de capsuni pepperoni si spanac 210
- 97. Salata greceasca de ardei si naut 212

DESERT 214
- 98. Pepperoni și scoarță de ciocolată...215
- 99. Cupcakes cu pepperoni de arțar 217
- 100. Tort Pizza Pepperoni 219

CONCLUZIE 222

INTRODUCERE

Bine ați venit într-o călătorie sfârâitoare în lumea unuia dintre cele mai iubite și versatile ingrediente din universul culinar - pepperoni. În „Cartea completă de bucate pepperoni", vă invităm să porniți într-o aventură plină de arome, explorând creațiile picante, savuroase și de-a dreptul delicioase care pot fi preparate cu această carne emblematică.

Pepperoni, cu profilul său îndrăzneț și plin de gust, a fost de mult timp un topping preferat pentru pizza, dar această carte de bucate este aici pentru a arăta că potențialul său depășește cu mult cutia de pizza. Pregătește-te să fii uimit în timp ce prezentăm 100 de rețete îngrijite cu grijă, care depășesc limitele a ceea ce se poate realiza cu acest cârnați aromați. De la aperitive și feluri principale până la gustări și chiar deserturi, ne scufundăm adânc în lumea picante a pepperoni pentru a vă redefini experiența culinară.

Alăturați-vă nouă în timp ce dezvăluim secretele fabricării pepperoni de casă, descoperim modalități inovatoare de a-l încorpora în preparatele dvs. și sărbătorim tapiseria bogată de arome pe care acest ingredient versatil o aduce la masă. Indiferent dacă sunteți un bucătar experimentat sau un bucătar de casă dornic să experimenteze, „The Complete Pepperoni Cookbook" este ghidul dumneavoastră pentru a vă îmbunătăți repertoriul culinar.

Așadar, prindeți-vă șorțul, ascuțiți-vă cuțitele și pregătiți-vă să porniți într-o călătorie culinară cu infuzie de pepperoni, care vă va atrăgește papilele gustative și vă va lăsa să aveți mai multă poftă.

MIC DEJUN

1. Pepperoni și Mozzarella Cruffin

INGREDIENTE:
- Aluat de croissant prefabricat
- Pepperoni felii
- Brânză mozzarella măruntită
- Sos de rosii (pentru scufundare, optional)
- oregano uscat și busuioc (opțional)

INSTRUCȚIUNI:

a) Preîncălziți cuptorul la temperatura recomandată pe pachetul de aluat pentru croissant.

b) Întindeți aluatul de croissant pe o suprafață curată și separați-l în triunghiuri sau dreptunghiuri individuale, în funcție de tipul de aluat pe care îl aveți.

c) Pe fiecare bucată de aluat, stratificați următoarele ingrediente; Pepperoni felii, brânză mozzarella măruntită și un strop de oregano uscat și busuioc (dacă se dorește).

d) Rulați aluatul, începând de la capătul mai lat, pentru a crea o formă de cruffin. Sigilați marginile pentru a preveni vărsarea umpluturii în timpul coacerii.

e) Puneți cruffinele pregătite într-o tavă de brioșe sau pe o tavă de copt tapetată cu hârtie de copt.

f) Coacem in cuptorul preincalzit pentru timpul indicat pe pachetul de aluat de croissant sau pana cand cruffins-urile sunt maronii si branza este topita si clocotita.

g) Dacă doriți, puteți servi pepperoni și Mozzarella Cruffins cu o parte de sos de roșii pentru înmuiere.

2.Vafe cu pizza italiană

INGREDIENTE:
- 4 ouă
- 1 lingurita condiment italian
- 4 linguri de parmezan
- 3 linguri faina de migdale
- 1 lingură Unsoare de Bacon
- 1 lingură pulbere de coji de psyllium
- Sare si piper dupa gust
- ½ cană sos de roșii
- 1 lingurita Praf de copt
- 3 uncii de brânză Cheddar
- 14 felii de pepperoni

INSTRUCȚIUNI:
a) Într-un recipient, combinați toate ingredientele, cu excepția sosului de roșii și a brânzei, folosind un blender de imersie.
b) Preîncălziți fierul de vafe și turnați jumătate din aluat în el.
c) Lăsați să gătească câteva minute.
d) Acoperiți fiecare vafe cu sos de roșii și brânză.
e) Apoi, la cuptor, se coace timp de 4 minute.
f) Adăugați pepperoni deasupra lor, dacă doriți.

3.Croissant cu pizza

INGREDIENTE:
- 1 foaie de aluat foietaj, decongelat
- ½ cană sos de pizza
- ½ cană de brânză mozzarella măruntită
- ¼ cană pepperoni felii
- 1 ou, batut
- Condimente italiene, pentru stropire

INSTRUCȚIUNI:
a) Preîncălziți cuptorul la temperatura indicată pe pachetul de foietaj, de obicei în jur de 375 ° F (190 ° C).
b) Pe o suprafață ușor făinată, desfaceți foaia de foietaj dezghețată și întindeți-o ușor pentru a uniformiza grosimea.
c) Folosind un cuțit sau un tăietor de pizza, tăiați aluatul foietaj în triunghiuri. Ar trebui să obțineți în jur de 6-8 triunghiuri, în funcție de dimensiunea pe care o preferați.
d) Întindeți un strat subțire de sos de pizza pe fiecare triunghi de foietaj, lăsând un mic chenar în jurul marginilor.
e) Presărați brânză mozzarella mărunțită peste stratul de sos de pizza de pe fiecare triunghi.
f) Peste branza se aseaza cateva felii de pepperoni, distribuindu-le uniform.
g) Pornind de la capătul mai lat al fiecărui triunghi, rulați cu grijă aluatul în sus spre capătul ascuțit, formând o formă de croissant. Sigilați marginile pentru a preveni scurgerea umpluturii în timpul coacerii.
h) Așezați cornurile de pizza pregătite pe o foaie de copt tapetată cu hârtie de copt, lăsând puțin spațiu între ele pentru a se extinde în timpul coacerii.
i) Ungeți blatul fiecărui croissant cu oul bătut, care le va da o frumoasă culoare aurie la copt.
j) Presărați condimente italiene peste fiecare croissant pentru a adăuga un plus de aromă.
k) Coaceți Pizza Croissants în cuptorul preîncălzit pentru aproximativ 15-18 minute sau până devin maro auriu și umflate.
l) Odată copți, scoateți croissantele din cuptor și lăsați-le să se răcească puțin pe un grătar.
m) Servește delicioasele Croissant-uri cu pizza de casă ca un deliciu savuros pentru prânz, cină sau ca gustare de petrecere. Cu siguranță vor fi un succes atât pentru copii, cât și pentru adulți.

4.Croissant cu pepperoni picant

INGREDIENTE:
- Aluat de bază pentru croissant
- 6 oz. pepperoni felii
- ¼ cană de brânză mozzarella mărunțită
- ¼ cană ardei verzi tăiați cubulețe
- 1 ou batut cu 1 lingura de apa

INSTRUCȚIUNI:
a) Întindeți aluatul pentru croissant într-un dreptunghi mare.
b) Tăiați aluatul în triunghiuri.
c) Întindeți pepperoni felii, brânză mozzarella mărunțită și ardeii verzi tăiați cubulețe pe jumătatea inferioară a fiecărui croissant.
d) Înlocuiți jumătatea superioară a croissantului și apăsați ușor.
e) Așezați cornurile pe o tavă de copt tapetată, ungeți cu spălat de ou și lăsați să crească timp de 1 oră.
f) Preîncălziți cuptorul la 400°F (200°C) și coaceți cornurile timp de 20-25 de minute până când se rumenesc.

5.Pâine pentru pizza detașabilă

INGREDIENTE:
- 12 oz. biscuiți fulgii refrigerați în tub, tăiați în sferturi
- 1 T. ulei de măsline
- 12 felii de pepperoni, tăiate în patru
- 1/4 c. brânză mozzarella mărunțită
- 1 ceapa, tocata
- 1 t. condimente italienesti
- 1/4 t. sare de usturoi
- 1/4 c. parmezan ras

INSTRUCȚIUNI:

a) Ungeți biscuiții cu ulei; pus deoparte. Combinați ingredientele rămase într-un bol; adăugați biscuiți.

b) Aruncă bine; se aranjează într-o tavă Bundt ® tapetată cu folie de aluminiu bine unsă.

c) Se coace la 400 de grade timp de 15 minute.

d) Scoateți pâinea din tigaie; desprindeți pentru a servi.

6.Omletă cu pepperoni și brânză

INGREDIENTE:
- 3 oua
- 1/4 cană pepperoni tăiați cubulețe
- 1/4 cană brânză mărunțită (cheddar sau mozzarella)
- Sare si piper dupa gust

INSTRUCȚIUNI:
a) Bate ouale intr-un castron si asezoneaza cu sare si piper.
b) Încinge o tigaie antiaderentă la foc mediu.
c) Se toarnă ouăle bătute în tigaie.
d) Presărați pepperoni tăiați cubulețe și brânză mărunțită în mod uniform peste o jumătate de omletă.
e) Odată ce ouăle sunt puse, pliați cealaltă jumătate peste umplutură.
f) Gatiti inca un minut, apoi glisati omleta pe o farfurie.

7.Burrito de mic dejun pepperoni

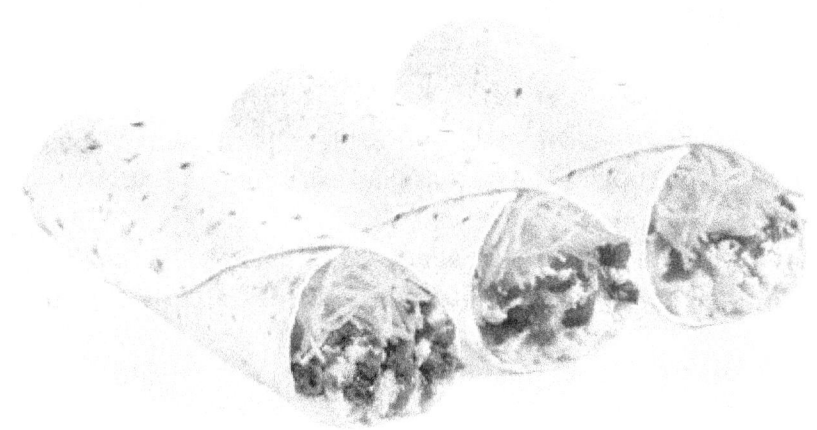

INGREDIENTE:
- 2 tortilla mari
- 1/2 cană pepperoni tăiat cubulețe
- 4 ouă, omletă
- 1/4 cană brânză măruntită
- Salsa (optional)

INSTRUCȚIUNI:
a) Încălziți tortilla într-o tigaie uscată sau la cuptorul cu microunde.
b) În aceeași tigaie, fierbeți ardeiul tăiat cubulețe până devine ușor crocant.
c) Se amestecă ouăle și se adaugă în tigaia cu pepperoni.
d) Odată ce ouăle sunt fierte, turnați amestecul pe centrul fiecărei tortille.
e) Presărați brânză măruntită peste ouă și împăturiți tortilla în burritos.
f) Opțional: Serviți cu salsa în lateral.

8.Brioșe pentru mic dejun cu ardei și spanac

INGREDIENTE:
- 6 ouă
- 1/2 cană pepperoni tăiat cubulețe
- 1 cană spanac proaspăt, tocat
- 1/4 cană brânză mărunțită
- Sare si piper dupa gust

INSTRUCȚIUNI:
a) Preîncălziți cuptorul la 375°F (190°C) și ungeți o tavă de brioșe.
b) Intr-un castron batem ouale si asezonam cu sare si piper.
c) Amestecați pepperoni tăiați cubulețe, spanacul tocat și brânza mărunțită.
d) Turnați amestecul în tava de brioșe, umplând fiecare ceașcă pe aproximativ două treimi.
e) Coaceți 20-25 de minute sau până când brioșele se întăresc și se rumenesc ușor.

9.Mic dejun hash pepperoni și cartofi

INGREDIENTE:
- 2 cartofi taiati cubulete
- 1/2 cană pepperoni tăiat cubulețe
- 1/2 ceapa, tocata marunt
- 2 catei de usturoi, tocati
- 2 linguri ulei de masline
- Sare si piper dupa gust

INSTRUCȚIUNI:
a) Încinge ulei de măsline într-o tigaie la foc mediu.
b) Adăugați cartofii tăiați cubulețe și gătiți până când devin aurii și sunt fierți.
c) Adăugați pepperoni tăiați cubulețe, ceapa tocată și usturoiul tocat în tigaie.
d) Se condimenteaza cu sare si piper si se caleste pana ce ceapa devine translucida.
e) Serviți hașul fierbinte, eventual acoperit cu un ou prăjit.

10.Quesadilla pepperoni și ciuperci

INGREDIENTE:
- 2 tortilla mari de faina
- 1/2 cană pepperoni tăiat cubulețe
- 1/2 cană ciuperci feliate
- 1/4 cană ardei gras tăiați cubulețe
- 1/2 cană brânză mărunțită (alegerea ta)

INSTRUCȚIUNI:
a) Într-o tigaie, gătiți pepperoni tăiați cubulețe până devine ușor crocant.
b) Adăugați ciupercile feliate și ardeii gras tăiați cubulețe în tigaie și prăjiți până se înmoaie.
c) Puneți o tortilla în tigaie, stropiți cu brânză mărunțită și adăugați amestecul de pepperoni și legume.
d) Acoperiți cu o altă tortilla și gătiți până când brânza se topește și tortillale sunt aurii.
e) Tăiați felii și serviți.

11.Pizza de mic dejun pepperoni și ouă

INGREDIENTE:
- Aluat de pizza (cumpărat din magazin sau de casă)
- 1/2 cană sos pizza
- 1 cană de brânză mozzarella mărunțită
- 1/2 cană pepperoni tăiat cubulețe
- 3 oua

INSTRUCȚIUNI:
a) Preîncălziți cuptorul conform instrucțiunilor pentru aluatul de pizza.
b) Întindeți aluatul de pizza și întindeți uniform sosul de pizza.
c) Presărați brânză mozzarella mărunțită și pepperoni tăiați peste pizza.
d) Faceți mici godeuri în toppinguri și spargeți un ou în fiecare godeu.
e) Coaceți conform instrucțiunilor pentru aluatul de pizza până când crusta devine aurie și ouăle sunt fierte după bunul plac.

12. Sandwich de mic dejun cu ardei și roșii

INGREDIENTE:
- Brioșe englezești, împărțite și prăjite
- 4 oua, prajite sau omleta
- 1/2 cană pepperoni tăiat cubulețe
- Roșii tăiate felii
- Brânză feliată (cheddar sau elvețian)

INSTRUCȚIUNI:
a) Gatiti ouale dupa preferinta (prajite sau omleta).
b) Pe brioșele englezești prăjite, stratați ouă, pepperoni tăiați cubulețe, roșii feliate și brânză.
c) Asamblați sandvișul și serviți imediat.

13.Biscuiți pentru mic dejun pepperoni și cheddar

INGREDIENTE:
- 2 căni de amestec de biscuiți (cumpărat din magazin sau de casă)
- 2/3 cană lapte
- 1/2 cană pepperoni tăiat cubulețe
- 1/2 cană brânză cheddar mărunțită

INSTRUCȚIUNI:
a) Preîncălziți cuptorul conform instrucțiunilor din amestecul de biscuiți.
b) Într-un castron, combinați amestecul de biscuiți, laptele, pepperoni tăiați cubulețe și brânza cheddar mărunțită.
c) Puneți linguri de aluat pe o tavă de copt.
d) Coaceți conform instrucțiunilor din amestecul de biscuiți până când biscuiții devin maro auriu.

14. Wrap pentru mic dejun pepperoni și avocado

INGREDIENTE:
- 2 tortilla mari
- 1/2 cană pepperoni tăiat cubulețe
- 1 avocado, feliat
- 1/4 cană roșii tăiate cubulețe
- 2 linguri crema de branza

INSTRUCȚIUNI:
a) Peste fiecare tortilla se intinde crema de branza.
b) Pe o jumătate din fiecare tortilla se adaugă pepperoni tăiat cubulețe, felii de avocado și roșii tăiate cubulețe.
c) Îndoiți tortilla în jumătate pentru a crea învelișuri.
d) Încingeți o tigaie și prăjiți ușor wrapurile pe ambele părți până când tortilla devine crocantă.

15. Caserolă pepperoni și hash brown

INGREDIENTE:
- 4 cesti de hash browns congelate, decongelate
- 1/2 cană pepperoni tăiat cubulețe
- 1 cană brânză cheddar măruntită
- 6 oua, batute
- 1 cană lapte
- Sare si piper dupa gust

INSTRUCȚIUNI:
a) Preîncălziți cuptorul la 350°F (175°C) și ungeți o tavă de copt.
b) Întindeți hash browns dezghețat în vasul de copt.
c) Presărați pepperoni tăiați cubulețe și brânză cheddar măruntită peste hash browns.
d) Într-un castron, amestecați ouăle bătute, laptele, sarea și piperul. Se toarnă peste hash browns.
e) Coaceți 30-35 de minute sau până când ouăle sunt întărite și blatul este maro auriu.

16. Frittata de mic dejun pepperoni și dovlecel

INGREDIENTE:
- 6 ouă
- 1/2 cană pepperoni tăiat cubulețe
- 1 cană dovlecel ras
- 1/2 cană brânză feta, mărunțită
- 1 lingura ulei de masline
- Sare si piper dupa gust

INSTRUCȚIUNI:
a) Preîncălziți grătarul în cuptor.
b) Într-o tigaie sigură pentru cuptor, căleți pepperoni tăiați cubulețe și dovlecelul ras în ulei de măsline până se înmoaie.
c) Intr-un castron batem ouale si asezonam cu sare si piper. Se toarnă peste pepperoni și dovlecel.
d) Presărați brânză feta mărunțită deasupra și gătiți pe plită până când marginile se întăresc.
e) Transferați tigaia în broiler și prăjiți până când blatul este auriu și ouăle sunt complet întărite.

17.Pepperoni și brânză Mic dejun Covrigi

INGREDIENTE:
- 2 covrigi, feliați și prăjiți
- 1/2 cană pepperoni tăiat cubulețe
- 1/4 cană cremă de brânză
- 1/2 cană brânză Monterey Jack mărunțită
- Frunze de busuioc proaspăt pentru decor (opțional)

INSTRUCȚIUNI:
a) Întindeți cremă de brânză pe fiecare jumătate de covrigi prăjită.
b) Presărați pepperoni tăiați cubulețe și brânză Monterey Jack mărunțită peste crema de brânză.
c) Puneți covrigii pe o foaie de copt și puneți la grătar până când brânza este topită și clocotită.
d) Decorați cu frunze proaspete de busuioc dacă doriți și serviți.

Gustări

18.Chipsuri de pepperoni

INGREDIENTE:
- 24 de felii de pepperoni fără zahăr
- Ulei

INSTRUCȚIUNI:

a) Preîncălziți cuptorul la 425°F.

b) Tapetați o foaie de copt cu hârtie de copt și întindeți felii de pepperoni într-un singur strat.

c) Coaceți timp de 10 minute, apoi scoateți din cuptor și folosiți un prosop de hârtie pentru a îndepărta excesul de grăsime.

d) Reveniți la cuptor pentru încă 5 minute sau până când ardeiul devine crocant.

19.Pizza fierbinte Super dip

INGREDIENTE:
- Înmuiat Cremă Brânză
- Maioneză
- Mozzarella Brânză
- Busuioc
- Oregano
- Usturoi Pudra
- Pepperoni
- Negru Măsline
- Verde clopot Ardei

INSTRUCȚIUNI:

a) Amesteca în ta înmuiat cremă brânză, maioneză, și A mic pic de mozzarella brânză. Adăuga A presara de busuioc, oregano, pătrunjel, și usturoi pudra, și se amestecă pana cand este frumos combinate.

b) Completati aceasta în ta adânc farfurie plăcintă farfurie și răspândire aceasta afară în un chiar strat.

c) Răspândire ta pizza sos pe top și adăuga ta preferat toppinguri. Pentru acest exemplu, noi voi adăuga mozzarella brânză, pepperoni negru masline, și verde ardei. Coace la 350 pentru 20 minute.

20. Bombe de covrigi umplute cu pizza

INGREDIENTE:
- 1 conserve (8 uncii) de aluat de rulouri de semilună la frigider
- 4 mini felii de pepperoni
- 4 cuburi mici de brânză mozzarella
- 1 lingurita condimente italiene
- 1 lingura parmezan ras
- ½ cană sos marinara încălzit

INSTRUCȚIUNI:
a) Preîncălziți cuptorul la 375 ° F (190 ° C).
b) Întindeți aluatul pentru rulada semilună și tăiați-l în 4 pătrate egale.
c) Așezați o felie de pepperoni și un cub de brânză mozzarella în centrul fiecărui pătrat.
d) Îndoiți colțurile aluatului în jurul umpluturii, formând o formă de bilă.
e) Presărați bilutele umplute cu condimente italiene și parmezan ras.
f) Pune bilele umplute pe o tava de copt si coace in cuptorul preincalzit pentru 12-15 minute sau pana se rumenesc.
g) Servește bombele de covrigi umplute cu pizza cu sos marinara încălzit pentru înmuiere.

21.Scones Pizza Pepperoni

INGREDIENTE:
- 2 căni de făină universală
- ½ lingurita sare
- 1 lingura praf de copt
- ¼ lingurita de bicarbonat de sodiu
- 2 linguri de zahar
- ⅓ cană unt rece
- ½ linguriță de usturoi granulat
- 1 ¼ cană de brânză mozzarella rasă
- ¼ cană brânză cheddar rasă
- 3½ uncii pepperoni ambalat
- 1 cană lapte

INSTRUCȚIUNI:

a) Preîncălziți cuptorul la 400 de grade. Tapetați o tavă cu hârtie de copt și lăsați-o deoparte.

b) Într-un castron mare, combinați toate ingredientele uscate. Se amestecă untul rece și se rupe în bucăți mici folosind un tăietor de patiserie. Tăiați pepperoni-ul în bucăți mai mici și amestecați-l în ingredientele uscate împreună cu mozzarella și brânza cheddar. Adăugați laptele și amestecați până când toate ingredientele sunt bine umezite.

c) Presărați o bucată de hârtie ceară din generoz cu făină. Răzuiți aluatul pe hârtie ceară și adăugați mai multă făină deasupra.

d) Puneți o altă bucată de hârtie ceară peste aluat și apăsați-o până la o grosime de 1 ½-2 inci.

e) Îndepărtați cu grijă hârtia ceară de sus. Tăiați aluatul în 8 bucăți, ca o plăcintă, și puneți-le pe hârtie de copt. Asigurați-vă că stropiți partea de jos cu făină pentru a nu se lipi.

f) Coaceți timp de 15-20 de minute sau până când scones sunt aurii. Serviți-le calde cu sos marinara.

g) Bucurați-vă de Scones-ul dvs. de pizza pepperoni!

22. Grisoare de pepperoni

INGREDIENTE:
- 2 căni de amestec original de copt Bisquick
- ½ cană apă rece
- ½ cană pepperoni tocat (aproximativ 2 uncii)
- ½ lipi de margarina sau unt; topit
- 1 lingură parmezan ras
- 1 cană sos pizza

INSTRUCȚIUNI:
a) Încălzește cuptorul la 425 de grade. Amestecă amestecul de copt, apa rece și pepperoni până se formează aluatul; bate 20 de lovituri. Întoarceți aluatul pe o suprafață pudrată cu amestec de copt; rulați ușor în amestecul de copt pentru a acoperi. Se framanta de 5 ori.

b) ROLĂȚI aluatul într-un pătrat de 10 inci. Tăiați în jumătate. Tăiați fiecare jumătate în cruce în 14 benzi. Răsuciți capetele benzilor în instrucțiuni opuse .

c) Puneți pe o foaie de biscuiți neunsă, apăsând capetele pe foaia de prăjituri pentru a se fixa bine. Ungeți generos cu margarină. Se presară cu brânză.

d) Coaceți 10 până la 12 minute sau până când devine maro deschis. Se încălzește sosul de pizza până se încinge. Înmuiați grisine în sosul de pizza. Aproximativ 28 de grisine.

23. Ranch Pizza Pinwheels

INGREDIENTE:
- 1 tub (13,8 uncii) crustă de pizza refrigerată
- ¼ cană sos de salată ranch preparat
- ½ cană brânză Colby-Monterey Jack mărunțită
- ½ cană pepperoni tăiat cubulețe
- ¼ cană ceapă verde tocată
- Sos pizza încălzit sau sos suplimentar pentru salată ranch, opțional

INSTRUCȚIUNI:

a) Rulați aluatul de pizza într-un dreptunghi de 12x10 inchi pe o suprafață ușor înfăinată. Răspândiți uniform pansamentul ranch în ¼-inch. a marginilor. Presărați ceapa, pepperoni și brânză. Începând cu partea lungă, rulați ca un rulou.

b) Tăiați la 1 inch. felii. Puneți pe o foaie de copt unsă, cu partea tăiată în jos. Coaceți 10-13 minute până se rumenesc ușor la 425 °. Serviți cald cu dressing ranch suplimentar sau cu sos de pizza (opțional). Pune resturile la frigider.

24.Pizza cu brioșe englezești pepperoni

INGREDIENTE:
- 2 linguri sos pizza
- 2 linguri de brânză mozzarella mărunțită
- Batoane de ardei, taiate rondele subtiri
- Toppinguri optionale: rondele de ardei iute banane
- 3 brioșe englezești, împărțite

INSTRUCȚIUNI:
a) Preîncălziți cuptorul la 400°F (200°C).
b) Împărțiți fiecare brioșă englezească în jumătate și puneți-le pe o tavă de copt.
c) Întindeți un strat de sos de pizza pe fiecare jumătate de brioșă.
d) Acoperiți cu rondele de pepperoni felii, brânză și, opțional, rondele de ardei iute banane.
e) Coacem in cuptorul preincalzit pentru aproximativ 10-12 minute sau pana cand marginile sunt aurii si branza este clocotita si usor rumenita.
f) Scoateți din cuptor și lăsați-le să se răcească timp de un minut înainte de servire.

25.Grisoare Carbquik Pepperoni

INGREDIENTE:
- 2 căni de Carbquik
- ½ cană apă rece
- ½ ceasca de pepperoni felii, tocate marunt
- ¼ cană unt, topit
- 1 lingura parmezan ras
- Sos pentru pizza cu conținut scăzut de carbohidrați (opțional)

INSTRUCȚIUNI:
a) Preîncălziți cuptorul la 425 °F.
b) Într-un castron, combinați Carbquik, apa rece și pepperoni tocat mărunt. Amestecați până se formează un aluat și bateți până când aluatul se desprinde din bol și nu mai devine lipicios.
c) Întoarceți aluatul pe o suprafață pudrată cu Carbquik și rulați-l ușor în Carbquik pentru a-l acoperi. Framantam aluatul de cinci ori.
d) Rulați aluatul într-un pătrat de 10 inci. Apoi, tăiați-l în jumătate. Apoi, tăiați fiecare jumătate în cruce în 15 benzi.
e) Răsuciți capetele benzilor în direcții opuse pentru a le da o formă frumoasă și răsucită. Așezați aceste benzi răsucite pe o foaie de prăjituri neunsă, apăsând capetele pe foaie pentru a le fixa bine.
f) Ungeți cu generozitate vârfurile grisișoarelor cu unt topit, apoi stropiți-le cu parmezan ras.
g) Coaceți frisoanele în cuptorul preîncălzit timp de 10 până la 12 minute sau până când devin aurii deschis.
h) Dacă doriți, încălziți sosul de pizza cu conținut scăzut de carbohidrați până când este fierbinte și gata de înmuiat.
i) Servește grisoanele calde, însoțite de sosul pentru înmuiere. Bucurați-vă de delicioasele tale griși de casă!

26. Rulouri de pizza cu brânză

INGREDIENTE:
- 1 pâine (1 kg) aluat de pizza congelat, dezghețat
- ½ cană sos de paste
- 1 cană de brânză mozzarella măruntită parțial degresată, împărțită
- 1 cană pepperoni tocat grosier (aproximativ 64 felii)
- Cârnați italieni în vrac de ½ kilogram, gătiți și măruntiți
- ¼ cană parmezan ras
- Busuioc proaspăt tocat, optional
- Fulgi de ardei roșu măruntiți, opțional

INSTRUCȚIUNI:

a) Preîncălziți cuptorul la 400°. Pe o suprafață ușor înfăinată, rulați aluatul într-un format de 16 x 10 inci dreptunghi. Ungeți cu sos de paste până la ½ inch de margini.

b) Stropiți cu ½ cană de brânză mozzarella, pepperoni, cârnați și parmezan. Rulează stil jelly-roll, începând cu o latură lungă; ciupește cusătura pentru a sigila.

c) Tăiați în 8 felii. Puneți într - o tigaie de fontă de 9 inchi unsă sau într-o tavă rotundă de 9 inci unsă, cu partea tăiată în jos.

d) Coaceți timp de 20 de minute; se presară cu restul de brânză mozzarella. Coaceți până devin aurii maro, cu 5-10 minute mai mult. Dacă doriți, serviți cu busuioc proaspăt tocat și roșu măcinat fulgi de piper.

27.Rulouri cu pepperoni italian

INGREDIENTE:
- 5 tortilla de făină de 10 inci
- 16 uncii de cremă de brânză înmuiată
- 2 lingurite de usturoi tocat
- ½ cană smântână
- ½ cană parmezan
- ½ cană de brânză italiană mărunțită sau mozzarella
- 2 lingurite condimente italiene
- 16 uncii felii de pepperoni
- ¾ cană ardei galben și portocaliu tocați mărunt
- ½ cană ciuperci proaspete tocate mărunt

INSTRUCȚIUNI:

a) Într-un bol de mixare, bate crema de brânză până se omogenizează. Combinați usturoiul, smântâna, brânza și condimentele italiene într-un castron. Se amestecă până când totul este bine omogenizat.

b) Întindeți amestecul uniform printre cele 5 tortilla cu făină. Acoperiți întreaga tortilla cu amestecul de brânză.

c) Puneți un strat de pepperoni deasupra amestecului de brânză.

d) Se suprapune pepperoni cu ardeii și ciupercile tăiate grosier.

e) Rulați strâns fiecare tortilla și înfășurați-o în folie de plastic.

f) Se lasa deoparte cel putin 2 ore la frigider.

28.Jalapeno bombe

INGREDIENTE:
- 1 cană unt, înmuiat
- 3 oz. Cremă de brânză
- 3 felii Bacon
- 1 ardei Jalapeno mediu
- 1/2 linguriță. Pătrunjel uscat
- 1/4 lingurita. Pudră de ceapă
- 1/4 lingurita. Praf de usturoi
- Sare si piper dupa gust

INSTRUCȚIUNI:

a) Prăjiți 3 felii de slănină într-o tigaie până devine crocantă.

b) Scoateți slănina din tavă, dar păstrați grăsimea rămasă pentru o utilizare ulterioară.

c) Așteptați până când baconul este răcit și crocant.

d) Desă sămânțați un ardei jalapeno, apoi tăiați în bucăți mici.

e) Combinați crema de brânză, untul, jalapeno și condimentele. Se condimenteaza cu sare si piper dupa gust.

f) Adăugați grăsimea de bacon și amestecați până când se formează un amestec solid.

g) Se sfărâmă baconul și se pune pe o farfurie. Rulați amestecul de brânză cremă în bile folosind mâna, apoi rulați mingea în slănină.

29.Cheesy Pizza Pinwheels

INGREDIENTE:
ALUAT
- 1 13 oz. pachet. aluat de pizza la frigider

SOS DE PIZZA USOR
- 2 cani de sos marinara
- 1/2 lingurita praf de ceapa, busuioc uscat, patrunjel uscat
- 1/4 linguriță usturoi oregano uscat, sare, piper, ardei roșu măcinat

TOppinguri
- 1 cană de brânză mozzarella proaspăt rasă
- 1/3 cană parmezan proaspăt ras
- 32 de pepperoni
- 1/2 cana ardei verzi tocati marunt

INSTRUCȚIUNI:

a) Preîncălziți cuptorul la 375 de grade F. Tapetați o tavă de copt cu hârtie de copt. Pus deoparte.

b) Întindeți o bucată lungă de hârtie de pergament și făinați-o ușor.

c) Rulați aluatul într-un dreptunghi de 12×16 inci pe pergament cu făină.

d) Se amestecă toate ingredientele pentru sosul de pizza. Întindeți uniform ¾ de cană de sos pizza peste aluat, lăsând o margine de 1 inch pe marginea lungă de sus,

e) Pune pepperoni la microunde pe o farfurie tapetata cu un prosop de hartie timp de 20 de secunde, apoi inlatura excesul de grasime. Acoperiți uniform sosul cu mozzarella, pepperoni, ardei gras verzi și parmezan.

f) Începând de la partea lungă cea mai apropiată de tine, rulează strâns aluatul, ciupind toate ingredientele care se scurg și sigilează cusătura.

g) Folosind un cuțit zimțat, tăiați capetele ruloului, apoi feliați rulada în 12 bucăți egale.

h) Tăiați aceste bucăți în 3 roți.

i) Puneți roata, cu partea tăiată în sus, pe foaia de copt pregătită.

j) Coaceți la 375 de grade F timp de 25-30 de minute sau până când aluatul devine auriu.

k) Scoateți din cuptor și lăsați să se răcească timp de 5 minute înainte de a scoate rotile din tavă pe un grătar.

l) Se ornează cu pătrunjel proaspăt și se servește cu restul de sos de pizza încălzit, dacă se dorește.

30.Quesadillas rapide și ciudate

INGREDIENTE:
- 2 tortilla de 10".
- 2 linguri sos pizza
- 1 uncie brânză cheddar rasă
- 1 uncie de brânză mozzarella rasă
- 8 felii de pepperoni
- Spray de gatit

INSTRUCȚIUNI:
a) Prăjiți pepperoni într-o tigaie de mărime medie până devine crocant. Scoateți din tigaie și lăsați deoparte. Ștergeți tigaia cu un prosop de hârtie.
b) Pune o tortilla pe o farfurie și întinde pe ea două linguri de sos de pizza.
c) Presărați jumătate de cheddar ras și brânză mozzarella deasupra sosului.
d) Aranjați pepperoni prăjiți deasupra brânză.
e) Presărați brânză rămasă peste pepperoni și acoperiți cu tortilla rămasă.
f) Pulverizați tigaia cu spray de gătit și preîncălziți la foc mediu.
g) Puneți cu grijă quesadilla în tigaie și gătiți trei până la patru minute pe fiecare parte sau până când brânza se topește și tortillale sunt ușor rumenite și crocante.

31.Dip de pizza cu pepperoni cu brânză

INGREDIENTE:
- Crusta de pizza precoaptă de 12 inci
- 1 cană usturoi prăjit și sos de spaghete parmezan
- 1-1/2 cani de brânză mozzarella măruntită parțial degresată
- 4 felii de brânză Muenster, tăiate în fâșii subțiri
- 20 de felii de pepperoni, tocate
- Oregano uscat, optional

INSTRUCȚIUNI:

a) Setați cuptorul la 350 °, apoi puneți pe o foaie de copt neunsă cu crustă de pizza și coaceți până se încălzește, aproximativ 9 până la 12 minute.

b) În același timp, încălziți sosul de spaghete într-o cratiță mică, la foc mediu mic. Puneți pepperoni și brânzeturi, apoi gătiți și amestecați până când sosul este încălzit și brânzeturile sunt topite. Stropiți cu oregano dacă doriți.

c) Tăiați crusta de pizza în 1-1/2 inci. fâșii și serviți calde împreună cu sos.

32. Ranch Pizza Pinwheels

INGREDIENTE:
- 1 tub (13,8 uncii) crustă de pizza refrigerată
- 1/4 cană sos de salată ranch preparat
- 1/2 cană brânză Colby-Monterey Jack mărunțită
- 1/2 cană pepperoni tăiat cubulețe
- 1/4 cana ceapa verde tocata
- Sos pizza, încălzit sau sos suplimentar pentru salată ranch, opțional

INSTRUCȚIUNI:

a) Rulați aluatul de pizza la 12x10 inchi. dreptunghi pe suprafata usor infainata. Întindeți uniform pansamentul ranch pe 1/4-inch. a marginilor. Presărați ceapa, pepperoni și brânză. Începând cu partea lungă, rulați ca un rulou de jeleu.

b) Tăiați la 1 inch. felii. Puneți pe o foaie de copt unsă, cu partea tăiată în jos. Coaceti 10-13 minute pana se rumenesc usor la 425°. Serviți cald cu dressing ranch suplimentar sau cu sos de pizza (opțional). Pune resturile la frigider.

33. Pepperoni și ciuperci umplute cu spanac

INGREDIENTE:
- 24 de ciuperci mari, curățate și îndepărtate tulpinile
- 1/2 cană pepperoni tăiat cubulețe
- 1 cană spanac proaspăt tocat
- 1 cana crema de branza, moale
- 1/2 cană brânză mozzarella măruntită
- 1/4 cană parmezan ras
- Sare si piper dupa gust

INSTRUCȚIUNI:
a) Preîncălziți cuptorul la 375 ° F (190 ° C).
b) Într-un castron, amestecați pepperoni tăiați cubulețe, spanacul tocat, cremă de brânză, mozzarella, parmezan, sare și piper.
c) Umpleți fiecare capac de ciuperci cu amestecul.
d) Puneți ciupercile umplute pe o tavă de copt.
e) Coaceți 15-20 de minute sau până când ciupercile sunt fragede.
f) Serviți cald.

34. Pepperoni, provolone & Pecorino Pita

INGREDIENTE:
- 4 pita
- ½ cană de ardei roșii și/sau galbeni prăjiți, curățați și tăiați felii
- 2 catei de usturoi, tocati
- 4 uncii pepperoni, felii subțiri
- 4 uncii de brânză provolone, tăiată cubulețe
- 2 linguri de brânză pecorino proaspăt rasă
- 4 ardei murați italieni sau greci, cum ar fi pepperoncini, feliați subțiri
- Ulei de măsline pentru periajul pita

INSTRUCȚIUNI:
a) Deschideți o parte din fiecare pita și deschideți-o pentru a forma buzunare.
b) Puneți ardei, usturoi, pepperoni, provolone, pecorino și ardei în fiecare pita și apăsați pentru a închide. Ungeți ușor exteriorul cu ulei de măsline.
c) Încălziți o tigaie grea antiaderentă la foc mediu-mare sau folosiți un aparat pentru sandvișuri sau o presă pentru panini. Pune sandvișurile în tigaie.
d) Reduceți focul la mic și îngrășați sandvișurile, apăsând pe măsură ce le rumeniți. Gatiti doar pana se topeste branza; nu vrei ca brânza să se rumenească și crocantă, pur și simplu pentru a ține toate umpluturile împreună.
e) Serviți imediat.

35.Brochete de pepperoni și brânză

INGREDIENTE:
- Pepperoni felii
- Cuburi de brânză mozzarella sau cheddar
- roșii cherry
- frunze de busuioc (optional)

INSTRUCȚIUNI:
a) Așezați o felie de pepperoni pe o scobitoare sau o frigărui mică.
b) Adăugați un cub de brânză și o roșie cherry.
c) Repetați procesul pentru fiecare frigărui.
d) Opțional, adăugați o frunză de busuioc între pepperoni și brânză.
e) Aranjați broșele pe un platou de servire și savurați.

36.Rulouri cu pepperoni şi cremă de brânză

INGREDIENTE:
- Cremă de brânză moale
- Pepperoni felii
- Murături suliţe

INSTRUCŢIUNI:
a) Întindeţi un strat subţire de cremă de brânză peste o felie de pepperoni.
b) Pune o suliţă de murături la un capăt şi rulează pepperoni în jurul ei.
c) Asiguraţi cu o scobitoare dacă este necesar.
d) Repetaţi procesul pentru fiecare roll-up.
e) Serviţi şi savuraţi combinaţia de arome.

37.Mușcături de pepperoni și măsline

INGREDIENTE:
- Măsline verzi sau negre (sâmbure)
- Pepperoni felii
- Cremă de brânză

INSTRUCȚIUNI:
a) Umpleți fiecare măsline cu o cantitate mică de cremă de brânză.
b) Înfășurați o felie de pepperoni în jurul fiecărei măsline.
c) Asigurați cu o scobitoare.
d) Aranjați pepperoni și mușcăturile de măsline pe o farfurie și savurați.

38. Pepperoni și ciuperci umplute cu legume

INGREDIENTE:
- Ciuperci mari, curățate și îndepărtate tulpinile
- Pepperoni felii, tocate mărunt
- Cremă de brânză
- Ceapa verde tocata
- Parmezan ras

INSTRUCȚIUNI:

a) Preîncălziți cuptorul la 375 ° F (190 ° C).
b) Într-un castron, amestecați cremă de brânză, pepperoni tocat, ceapa verde tocată și parmezan ras.
c) Umpleți fiecare capac de ciuperci cu amestecul de cremă de brânză.
d) Asezati ciupercile umplute pe o tava de copt si coaceti aproximativ 15-20 de minute sau pana cand ciupercile sunt fragede.
e) Serviți cald ca o gustare delicioasă cu infuzare de pepperoni.

PIZZA

39.Pizza albă Carbquik

INGREDIENTE:
- 1 ½ cană de Carbquik
- ⅓ cană apă fierbinte (120-140 grade)
- 8 uncii de brânză ricotta (lapte integral)
- 4 uncii pepperoni felii
- ½ cană ciuperci feliate
- 6 uncii de brânză mozzarella măruntită

INSTRUCȚIUNI:

a)   Preîncălziți cuptorul la 450ºF (230ºC) și ungeți o tavă pentru pizza de 12 inchi.

b)   Într-un castron, amestecați amestecul Carbquik și apa foarte fierbinte până se formează un aluat moale. Framantam aluatul timp de 2-3 minute pana se usuca si nu se mai lipeste.

c)   Presă aluatul în tava pentru pizza.

d)   Întindeți brânza ricotta uniform peste aluat.

e)   Acoperiți pizza cu pepperoni felii, ciuperci feliate și brânză mozzarella măruntită.

f)   Coaceți pizza pe grătarul cel mai de jos în cuptorul încins timp de 12 până la 15 minute sau până când crusta devine maro aurie și brânza clocotită.

g)   Poți fi creativ cu toppingurile tale. Luați în considerare adăugarea de carne, ardei, măsline, sparanghel sau pește afumat pentru a vă personaliza pizza albă.

40.Pizza pepperoni cu busuioc de grădină

INGREDIENTE:
- Pâine fără frământare și aluat de pizza, ½ kilogram
- Ulei de măsline extravirgin, o lingură
- Brânză provolone, o cană, rasă
- Roșii cherry, 2 căni
- Mozzarella, o cană, rasă
- Conserve de roșii zdrobite, ¾ cană
- Pepperoni felii, 8 bucăți
- 1 catel de usturoi, tocat sau ras
- Sare kosher și piper proaspăt spart
- Busuioc proaspăt, pentru ornat

INSTRUCȚIUNI:
a) Se intinde aluatul pe o suprafata care a fost usor pudrata cu faina.
b) Mutați ușor aluatul în tava foaie pregătită.
c) Așezați mozzarella și provolone deasupra împreună cu roșiile zdrobite.
d) Întindeți pepperoni deasupra.
e) Combinați roșiile cherry, usturoiul, uleiul de măsline, sare și piper.
f) Distribuiți în mod egal peste pizza.
g) Coaceți timp de 10 până la 15 minute la 450 ° F.
h) Pune deasupra frunze de busuioc proaspăt.
i) Tăiați și bucurați-vă.

41.Pizza Deep-Dish din fontă

INGREDIENTE:
- 2 ¼ lingurițe drojdie uscată activă
- ½ lingurita zahar brun
- 1 ¼ cană apă caldă (110 grade F (43 grade C))
- 2 căni de făină universală
- 2 lingurițe de sare de usturoi
- ¼ cană unt
- 2 căni de făină universală
- 1 lingura ulei din samburi de struguri
- 1 porție spray de gătit
- ⅓ cană cârnați de porc vrac
- 1 (3,5 uncii) cârnați italieni în vrac
- 2 linguri ulei de sâmburi de struguri
- ½ cană sos de pizza
- ⅓ cană de brânză mozzarella mărunțită
- 24 de felii de pepperoni
- ⅓ cană de brânză mozzarella mărunțită
- 1 lingura unt, inmuiat
- ⅛ linguriță de condimente italiene
- ⅛ linguriță de usturoi pudră

INSTRUCȚIUNI:
a) Presărați drojdie și zahăr brun peste apă caldă în vasul unui mixer cu stand prevazut cu un carlig de aluat. Lasă să stea 5 până la 10 minute până când drojdia se înmoaie și începe să formeze o spumă cremoasă.

b) Rotiți mixerul la setarea cea mai scăzută și adăugați încet 2 căni de făină 1/2 cană o dată. Adăugați sare de usturoi și 1/4 cană unt. Se integrează restul de 2 căni de făină și se frământă până când aluatul este neted și elastic, 5 până la 7 minute.

c) Ungeți un castron mare de sticlă cu 1 lingură ulei de sâmburi de struguri. Formează aluatul într-o bilă și pune-l într-un castron, întorcându-l pentru a acoperi toate părțile cu ulei. Pulverizați o bucată de folie de plastic cu spray de gătit și acoperiți ușor bolul. Acoperiți vasul cu un prosop și lăsați să crească într-o zonă caldă până când aluatul își dublează volumul, aproximativ 45 de minute. Se toarnă aluatul și se lasă să se odihnească 20 de minute.

d) În timp ce aluatul se odihnește, încălziți o tigaie la foc mediu; gătiți și amestecați cârnații în vrac până când se rumenesc și se sfărâmiciază, aproximativ 5 minute. Transferați cârnații gătiți într-un castron cu o lingură cu fantă, păstrând picăturile în tigaie. Prăjiți cârnați italieni în picături până când se rumenesc și nu mai sunt roz în centru, aproximativ 10 minute. Cârnați feliați.

e) Preîncălziți cuptorul la 400 de grade F (200 de grade C). Ungeți o tigaie de fontă de 12 inchi cu 2 linguri de ulei de semințe de struguri.

f) Apăsați aluatul în și în sus părțile laterale ale tigaiei pregătite. Faceți găuri în aluat cu o furculiță pentru a preveni formarea bulelor de aer. Întindeți sosul de pizza în jurul bazei crustei. Presărați 1/3 cană de brânză mozzarella peste sos; Peste brânză, puneți jumătate din cârnați în vrac, jumătate din cârnați feliați și jumătate din pepperoni. Repetați straturile de carne. Acoperiți cu 1/3 cană de brânză mozzarella rămasă.

g) Coaceți în cuptorul preîncălzit pe grătarul de jos până când crusta devine maro aurie, aproximativ 25 de minute. Ungeți crusta cu 1 lingură unt; asezonați cu condimente italiene și pudră de usturoi. Scoateți pizza din tigaie și lăsați-o să se odihnească timp de 3 până la 5 minute înainte de a o feli.

42.Pizza ramen cu pepperoni fals

INGREDIENTE:
- 1 pachet (3 oz.) taitei ramen, orice aromă
- 1 lingura ulei de masline
- 1 (14 oz) borcane cu sos de spaghete
- 1 C. brânză mozzarella cu conținut scăzut de grăsimi, mărunțită
- 3 oz. pepperoni de curcan
- 1/2 linguriță de oregano uscat

INSTRUCȚIUNI:

a) Înainte de a face ceva, preîncălziți cuptorul.

b) Preparați tăițeii conform instrucțiunilor de pe pachet fără pachetul de condimente. Scurge-l.

c) Pune o tavă mare, rezistentă la cuptor, la foc mediu. Încinge uleiul în el. Se calesc in ea taiteii si se apasa pe fund timp de 2 minute pentru a face crusta.

d) Turnați sosul peste tăiței și acoperiți-l cu 2 oz. felii de pepperoni. Deasupra presara branza urmata de pepperoni si oregano ramas.

e) Transferați tava la cuptor și gătiți-le timp de 2 până la 3 minute sau până când brânza se topește.

f) Lăsați pizza să piardă din căldură timp de 6 minute. servi-l.

g) Bucurați-vă.

43.Pizza cu pepperoni și legume

INGREDIENTE:
- aluat de pizza
- 1/2 cană sos pizza
- 1 1/2 cană de brânză mozzarella mărunțită
- 1/2 cană pepperoni felii
- 1/2 cană ardei gras tăiați felii (culori asortate)
- 1/2 cană măsline negre feliate

INSTRUCȚIUNI:
a) Preîncălziți cuptorul și întindeți aluatul de pizza.
b) Întindeți sosul de pizza peste aluat.
c) Presărați uniform brânză mozzarella deasupra.
d) Aranjați pepperoni felii, ardeiul gras și măslinele negre peste brânză.
e) Coaceți conform instrucțiunilor pentru aluatul de pizza până când crusta devine aurie și toppingurile sunt gătite.

44.Pizza cu pepperoni și bacon BBQ

INGREDIENTE:
- aluat de pizza
- 1/2 cană sos grătar
- 1 1/2 cană de brânză mozzarella măruntită
- 1/2 cană pepperoni felii
- 1/2 cană slănină gătită și măruntită
- felii de ceapa rosie (optional)

INSTRUCȚIUNI:
a) Preîncălziți cuptorul și întindeți aluatul de pizza.
b) Întindeți peste aluat sos grătar.
c) Presărați uniform brânză mozzarella deasupra.
d) Aranjați pepperoni felii și baconul măruntit peste brânză.
e) Adăugați felii de ceapă roșie dacă doriți.
f) Coaceți conform instrucțiunilor pentru aluatul de pizza până când crusta devine aurie și toppingurile sunt spumoase.

45. Pizza pepperoni și pesto

INGREDIENTE:
- aluat de pizza
- 1/2 cană sos pesto
- 1 1/2 cană de brânză mozzarella mărunțită
- 1/2 cană pepperoni felii
- Roșii cherry, tăiate la jumătate
- Rucola proaspătă pentru topping

INSTRUCȚIUNI:
a) Preîncălziți cuptorul și întindeți aluatul de pizza.
b) Întindeți sosul pesto peste aluat.
c) Presărați uniform brânză mozzarella deasupra.
d) Aranjați pepperoni felii și jumătate de roșii cherry peste brânză.
e) Coaceți conform instrucțiunilor pentru aluatul de pizza până când crusta devine aurie și toppingurile sunt gătite.
f) Acoperiți cu rucola proaspătă înainte de servire.

46.Pizza Alfredo cu ardei și ciuperci

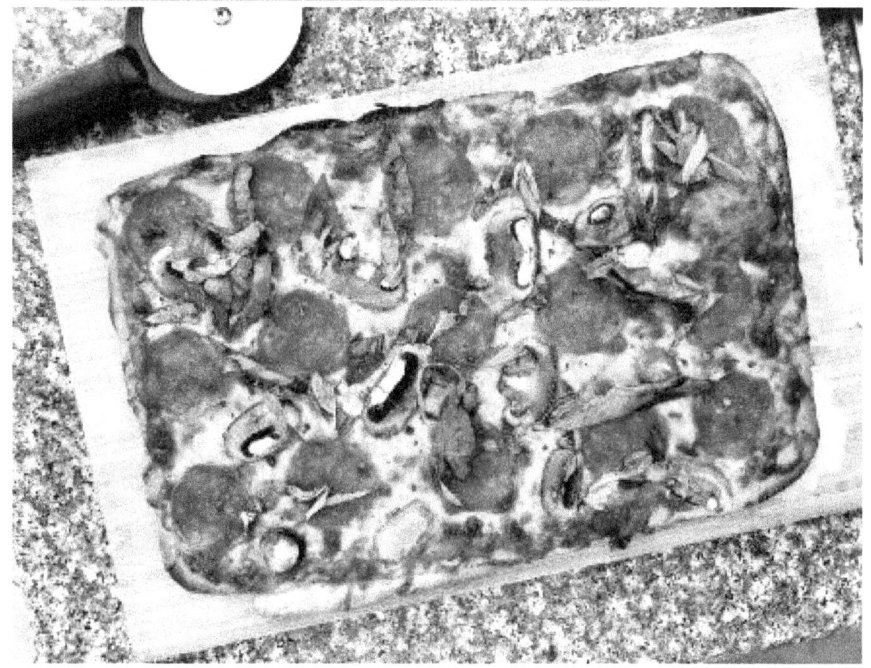

INGREDIENTE:
- aluat de pizza
- 1/2 cană sos Alfredo
- 1 1/2 cană de brânză mozzarella măruntită
- 1/2 cană pepperoni felii
- 1 cană ciuperci feliate
- Pătrunjel proaspăt pentru garnitură

INSTRUCȚIUNI:
a) Preîncălziți cuptorul și întindeți aluatul de pizza.
b) Întindeți sosul Alfredo peste aluat.
c) Presărați uniform brânză mozzarella deasupra.
d) Aranjați pepperoni și ciuperci felii peste brânză.
e) Coaceți conform instrucțiunilor pentru aluatul de pizza până când crusta devine aurie și toppingurile sunt gătite.
f) Se ornează cu pătrunjel proaspăt înainte de servire.

47.Pizza cu anghinare pepperoni si spanac

INGREDIENTE:
- aluat de pizza
- Dip de anghinare cu spanac
- 1 1/2 cană de brânză mozzarella mărunțită
- 1/2 cană pepperoni felii
- Frunze proaspete de spanac
- Parmezan ras pentru topping

INSTRUCȚIUNI:
a) Preîncălziți cuptorul și întindeți aluatul de pizza.
b) Peste aluat se întinde dip de anghinare cu spanac.
c) Presărați uniform brânză mozzarella deasupra.
d) Aranjați pepperoni felii și frunzele proaspete de spanac peste brânză.
e) Coaceți conform instrucțiunilor pentru aluatul de pizza până când crusta devine aurie și toppingurile sunt spumoase.
f) Deasupra se presara parmezan ras inainte de servire.

48.Pizza cu pepperoni și pui Alfredo

INGREDIENTE:
- Pâine plate sau naan
- 1/2 cană sos Alfredo
- 1 cană de pui fiert și mărunțit
- 1/2 cană pepperoni tăiat cubulețe
- 1 cană de brânză mozzarella mărunțită
- Frunze de busuioc proaspăt pentru decor

INSTRUCȚIUNI:
a) Preîncălziți cuptorul la 400°F (200°C).
b) Puneți pâinea pe o foaie de copt.
c) Întindeți sosul Alfredo peste pâine.
d) Distribuiți uniform puiul mărunțit și pepperoni tăiați cubulețe peste sos.
e) Presărați brânză mozzarella deasupra.
f) Coaceți 12-15 minute sau până când brânza este topită și aurie.
g) Se ornează cu frunze proaspete de busuioc înainte de servire.

49.Cana cu microunde Pizza

INGREDIENTE:
- 4 linguri de făină universală
- ⅛ linguriță de praf de copt
- 1/16 lingurita de bicarbonat de sodiu
- ⅛ linguriță sare
- 3 linguri lapte
- 1 lingura ulei de masline
- 1 lingura sos marinara
- 1 lingură generoasă de brânză mozzarella mărunțită
- 5 mini pepperoni
- ½ linguriță ierburi italiene uscate

INSTRUCȚIUNI:

a) Amestecați făina, praful de copt, bicarbonatul de sodiu și sarea într-o cană care poate fi folosită la microunde.

b) Adăugați laptele și uleiul apoi amestecați.

c) Puneți cu lingură sosul marinara și întindeți-l pe suprafața aluatului.

d) Se presară brânză, pepperoni și ierburi uscate

e) Puneți la microunde timp de 1 minut și 20 de secunde sau până când crește și topping-ul clocotește .

50.Pizza cu pui de pepperoni și bivoliță

INGREDIENTE:
- aluat de pizza
- 1/2 cană sos de bivoliță
- 1 1/2 cană de brânză mozzarella măruntită
- 1/2 cană pepperoni felii
- 1/2 cană de pui gătit și tocat, aruncat în sos de bivoliță
- Se sfărâmă de brânză albastră pentru topping

INSTRUCȚIUNI:
a) Preîncălziți cuptorul și întindeți aluatul de pizza.
b) Întindeți peste aluat sos de bivoliță.
c) Presărați uniform brânză mozzarella deasupra.
d) Aranjați pepperoni felii și puiul de bivoliță peste brânză.
e) Coaceți conform instrucțiunilor pentru aluatul de pizza până când crusta devine aurie și toppingurile sunt gătite.
f) Acoperiți cu crumbles de brânză albastră înainte de servire.

51.Pizza Mac Brânză

INGREDIENTE:

- 1 pachet (7-1/4 uncii) amestec de macaroane și brânză
- 6 căni de apă
- 1 kg carne de vită tocată
- 1 ceapa medie, tocata
- 1 ardei verde mic, tocat
- 1-1/2 cani de brânză mozzarella mărunțită parțial degresată, împărțită
- 1-1/2 cani de brânză cheddar mărunțită, împărțită
- 1 borcan (14 uncii) sos de pizza
- 1/2 cană pepperoni felii

INSTRUCȚIUNI:

a) Pune pachetul de brânză din amestecul pentru cină deoparte. Aduceți apă la fiert într-o cratiță. Adăugați macaroane; gatiti 8-10 minute, pana se inmoaie.

b) Între timp, fierbeți ardeiul verde, ceapa și carnea de vită într-o tigaie mare la foc mediu până nu mai devin roz; scurgere.

c) Scurgeți macaroanele; și amestecați conținutul pachetului de brânză. Transferați într-o formă rotundă de 2-1/2-qt. vas de copt acoperit cu unsoare. Stropiți cu 1/2 cană de brânză cheddar și 1/2 cană de brânză mozzarella. Pune deasupra pepperoni, sosul de pizza, amestecul de carne de vită și restul de brânzeturi.

d) Coaceți fără capac timp de 30-35 de minute la 350 °, până se încălzește bine.

52. Pepperoni și pizza mediteraneană

INGREDIENTE:
- aluat de pizza
- 1/2 cană de hummus
- 1 1/2 cană de brânză mozzarella mărunțită
- 1/2 cană pepperoni felii
- Roșii cherry, tăiate la jumătate
- Măsline Kalamata, feliate
- Brânza feta se sfărâmă pentru topping

INSTRUCȚIUNI:
a) Preîncălziți cuptorul și întindeți aluatul de pizza.
b) Întindeți hummus peste aluat.
c) Presărați uniform brânză mozzarella deasupra.
d) Aranjați pepperoni felii, roșii cherry și măsline Kalamata peste brânză.
e) Coaceți conform instrucțiunilor pentru aluatul de pizza până când crusta devine aurie și toppingurile sunt gătite.
f) Acoperiți cu crumble de brânză feta înainte de servire.

PASTE

53.Paste pepperoni și cârnați la cuptor

INGREDIENTE:
- 8 uncii de paste penne
- 1/2 cană pepperoni tăiat cubulețe
- 1/2 cană cârnați italian gătiți și mărunțiți
- 1 conserve (14 oz) de roșii zdrobite
- 1 cană de brânză mozzarella mărunțită
- 1/4 cană parmezan ras
- 1 lingurita oregano uscat
- 1/2 lingurita praf de usturoi
- Sare si piper dupa gust

INSTRUCȚIUNI:
a) Gatiti pastele penne conform instructiunilor de pe ambalaj; scurgere.
b) Preîncălziți cuptorul la 375 ° F (190 ° C).
c) Într-un castron mare, amestecați pastele fierte, pepperoni tăiați cubulețe, cârnați mărunțiți, roșii zdrobite, oregano, praf de usturoi, sare și piper.
d) Transferați amestecul într-o tavă de copt și presărați cu mozzarella și parmezan.
e) Coaceți 20-25 de minute sau până când brânza este topită și clocotită.
f) Se lasă să se răcească puțin înainte de servire.

54. Lasagna pepperoni

INGREDIENTE:
- ¾ lb. carne de vită măcinată
- ¼ linguriță piper negru măcinat
- ½ lb. salam, tocat
- 9 taitei lasagna
- ½ lb. cârnați pepperoni, tocat
- 4 căni de brânză mozzarella mărunțită
- 1 ceapa, tocata
- 2 căni de brânză de vaci
- 2 (14,5 uncii) cutii de roșii înăbușite
- 9 felii de brânză americană albă
- 16 uncii sos de roșii
- parmezan ras
- 6 uncii pastă de tomate
- 1 lingurita praf de usturoi
- 1 lingurita oregano uscat
- ½ linguriță sare

INSTRUCȚIUNI:

a) Prăjiți pepperoni, carnea de vită, ceapa și salamul timp de 10 minute. Îndepărtați excesul de ulei. Introduceți totul în aragazul lent la foc mic cu niște piper, sos și pastă de roșii, sare, roșii înăbușite, oregano și pudră de usturoi timp de 2 ore.

b) Porniți cuptorul la 350 de grade înainte de a continua.

c) Fierbeți lasagna în apă cu sare până al dente timp de 10 minute, apoi îndepărtați toată apa.

d) În vasul de copt, aplicați o acoperire ușoară de sos, apoi stratificați: ⅓ tăiței, 1 ¼ cană de mozzarella, ⅔ cană de brânză de vaci, felii de brânză americană, 4 lingurițe de parmezan, ⅓ de carne. Continuați până când vasul este plin.

e) Gatiti 30 de minute.

55.Coji umplute Alfredo pepperoni şi broccoli

INGREDIENTE:
- 1 cutie de coji de paste jumbo, gătite conform instrucțiunilor de pe ambalaj
- 1/2 cană pepperoni tăiat cubulețe
- 2 cesti de broccoli fiert si tocat
- 2 cani de sos Alfredo
- 1 cană de brânză mozzarella mărunțită
- 1/4 cană parmezan ras
- Pătrunjel proaspăt pentru garnitură

INSTRUCȚIUNI:
a) Preîncălziți cuptorul la 375 ° F (190 ° C).
b) Într-un castron, amestecați pepperoni tăiați cubulețe, broccoli tocat și 1 cană de sos Alfredo.
c) Umpleți fiecare coajă de paste fierte cu amestecul.
d) Puneți cojile umplute într-o tavă de copt și acoperiți cu sosul Alfredo rămas.
e) Se presara cu mozzarella si parmezan.
f) Coaceți 25-30 de minute sau până când cojile sunt încălzite și brânza este topită.
g) Se ornează cu pătrunjel proaspăt înainte de servire.

56.Scoici umplute pepperoni și ricotta

INGREDIENTE:
- 1 cutie de coji de paste jumbo, gătite conform instrucțiunilor de pe ambalaj
- 1/2 cană pepperoni tăiat cubulețe
- 1 cană de brânză ricotta
- 1 cană de brânză mozzarella mărunțită
- 1 ou
- 2 cani de sos marinara
- Pătrunjel proaspăt pentru garnitură

INSTRUCȚIUNI:
a) Preîncălziți cuptorul la 375 ° F (190 ° C).
b) Într-un castron, amestecați pepperoni tăiați cubulețe, brânză ricotta, brânză mozzarella și ou.
c) Umpleți fiecare coajă de paste fierte cu amestecul.
d) Puneți cojile umplute într-o tavă de copt și acoperiți cu sos marinara.
e) Coaceți 25-30 de minute sau până când cojile sunt încălzite.
f) Se ornează cu pătrunjel proaspăt înainte de servire.

57.Pepperoni cu brânză Rigatoni la cuptor

INGREDIENTE:
- 16 oz paste rigatoni
- 1 lingura ulei de masline
- 1 ceapa mica, tocata marunt
- 2 catei de usturoi, tocati
- 24 oz sos marinara
- ½ linguriță de oregano uscat
- ½ lingurita busuioc uscat
- Sare si piper dupa gust
- 2 căni de brânză mozzarella mărunțită
- 1 cană parmezan ras
- 40 de felii de pepperoni
- Pătrunjel proaspăt pentru garnitură, tocat

INSTRUCȚIUNI:
a)   Gatiti pastele rigatoni conform instructiunilor de pe ambalaj pana al dente.
b)   Scurgeți și puneți deoparte.

PREPARATI SOSUL:
c)   Într-o tigaie mare, încălziți uleiul de măsline la foc mediu.
d)   Adăugați ceapa și usturoiul tocate și căleți până devine translucid.
e)   Se amestecă sosul marinara, oregano uscat, busuioc uscat, sare și piper.
f)   Se fierbe câteva minute, apoi se ia de pe foc.

ASSAMLAȚI ȘI COACEȚI:
g)   Preîncălziți cuptorul la 375°F (190°C).
h)   Într-un castron mare, combinați pastele rigatoni fierte și jumătate din mozzarella mărunțită și parmezanul.
i)   Adăugați sosul de roșii pregătit și amestecați până când pastele sunt bine acoperite.
j)   Într-o tavă de copt unsă de 9 x 13 inci, întindeți o cantitate mică din amestecul de paste pe fund.
k)   Pune deasupra un strat de felii de pepperoni.
l)   Continuați cu un alt strat de amestec de paste, urmat de un strat de pepperoni.

m) Repetați straturile până când sunt folosite toate ingredientele, terminând cu un strat de pepperoni deasupra.

n) Presărați restul de mozzarella mărunțită și parmezan peste stratul superior de pepperoni.

o) Acoperiți tava de copt cu folie și coaceți aproximativ 20 de minute.

p) Scoateți folia și coaceți încă 10 minute sau până când brânza este topită și clocotită.

q) Dacă doriți, puteți prăji vasul timp de un minut sau două pentru a obține brânza deasupra aurii și crocante.

r) Odată gata, se scoate din cuptor, se ornează cu pătrunjel proaspăt și se servește fierbinte pe farfurii individuale.

58.Paste Penne Pepperoni și Roșii

INGREDIENTE:
- 8 oz paste penne
- 1/2 cană pepperoni tăiat cubulețe
- 1/2 cană roșii cherry, tăiate la jumătate
- 2 catei de usturoi, tocati
- 1/4 lingurita fulgi de ardei rosu (optional)
- 1/4 cană parmezan ras
- Frunze de busuioc proaspăt pentru decor
- Ulei de masline
- Sare si piper negru dupa gust

INSTRUCȚIUNI:

a) Gătiți pastele penne conform instrucțiunilor de pe ambalaj. Scurgeți și puneți deoparte.

b) Într-o tigaie, încălziți ulei de măsline la foc mediu. Adăugați usturoiul tocat și pepperonii tăiați cubulețe. Se caleste pana cand pepperoni devine usor crocant.

c) Adăugați roșiile cherry și gătiți până încep să se înmoaie.

d) Adăugați pastele penne fierte, fulgi de ardei roșu (dacă folosiți) și parmezan ras. Se amestecă până se combină bine.

e) Se condimenteaza cu sare si piper negru dupa gust.

f) Se ornează cu frunze proaspete de busuioc înainte de servire.

59. Pepperoni și Broccoli Alfredo Linguine

INGREDIENTE:
- 8 oz paste linguine
- 1/2 cană pepperoni tăiat cubulețe
- 1 cană buchețele de broccoli
- 1 cană sos Alfredo
- 1/4 cană brânză Pecorino Romano rasă
- Sare si piper negru dupa gust
- Pătrunjel proaspăt pentru garnitură

INSTRUCȚIUNI:
a) Gătiți pastele linguine conform instrucțiunilor de pe ambalaj. Adăugați broccoli în apa clocotită în ultimele 3 minute de gătit. Scurgeți și puneți deoparte.
b) Într-o tigaie, încălziți sosul Alfredo la foc mediu. Adăugați pepperoni tăiați cubulețe și gătiți câteva minute până se încălzesc.
c) Adăugați linguine și broccoli fierte. Se amestecă până se îmbracă bine cu sosul Alfredo.
d) Presărați brânză Pecorino Romano rasă peste paste și amestecați.
e) Se condimenteaza cu sare si piper negru dupa gust.
f) Se ornează cu pătrunjel proaspăt înainte de servire.

60.Rigatoni pepperoni si spanac cu marinara

INGREDIENTE:
- 8 oz paste rigatoni
- 1/2 cană pepperoni tăiat cubulețe
- 2 cesti baby spanac
- 2 cani de sos marinara
- 1/4 cană parmezan ras
- Fulgi de ardei roșu mărunțiți (opțional)
- Ulei de masline
- Sare si piper negru dupa gust

INSTRUCȚIUNI:
a) Gatiti pastele rigatoni conform instructiunilor de pe ambalaj. Scurgeți și puneți deoparte.
b) Într-o tigaie, încălziți ulei de măsline la foc mediu. Adăugați pepperoni tăiați cubulețe și căliți până devine ușor crocant.
c) Adăugați spanac baby în tigaie și gătiți până se ofilește.
d) Se toarnă sosul marinara și se lasă la fiert.
e) Adăugați rigatonii fierți și amestecați până când sunt bine acoperiți cu sosul.
f) Se condimenteaza cu sare si piper negru dupa gust. Adăugați fulgi de ardei roșu zdrobiți pentru un pic de căldură, dacă doriți.
g) Presărați parmezan ras peste paste înainte de servire.

61.Spaghete cu pepperoni și ciuperci Aglio e Olio

INGREDIENTE:
- 8 oz spaghete
- 1/2 cană pepperoni tăiat cubulețe
- 1 cană ciuperci feliate
- 4 catei de usturoi, taiati felii subtiri
- 1/4 lingurita fulgi de ardei rosu (optional)
- 1/4 cană pătrunjel proaspăt tocat
- Ulei de masline
- Sare si piper negru dupa gust

INSTRUCȚIUNI:

a) Gatiti spaghetele conform instructiunilor de pe ambalaj. Scurgeți și puneți deoparte.

b) Într-o tigaie mare, încălziți ulei de măsline la foc mediu. Adăugați usturoiul tăiat felii și gătiți până devine auriu.

c) Adăugați pepperoni tăiați cubulețe și ciupercile feliate în tigaie. Se calesc pana cand ciupercile sunt fragede.

d) Adăugați spaghetele fierte, fulgii de ardei roșu (dacă folosiți) și pătrunjel proaspăt tocat. Se amestecă până se îmbracă bine cu uleiul infuzat cu usturoi.

e) Se condimenteaza cu sare si piper negru dupa gust.

f) Se serveste fierbinte.

62. Pesto Cavatappi pepperoni și roșii uscate

INGREDIENTE:

- 8 oz paste cavatappi
- 1/2 cană pepperoni tăiat cubulețe
- 1/3 cană pesto de roșii uscate la soare
- 1/2 cană roșii cherry, tăiate la jumătate
- 1/4 cană măsline negre feliate
- 1/4 cană brânză feta mărunțită
- Frunze de busuioc proaspăt pentru decor
- Ulei de masline
- Sare si piper negru dupa gust

INSTRUCȚIUNI:

a) Gatiti pastele cavatappi conform instructiunilor de pe ambalaj. Scurgeți și puneți deoparte.//
b) Într-o tigaie, încălziți ulei de măsline la foc mediu. Adăugați pepperoni tăiați cubulețe și căliți până devine ușor crocant.//
c) Adăugați pesto de roșii uscate la soare în tigaie și amestecați pentru a se combina.//
d) Adăugați cavatappi fierte, roșii cherry, măsline negre feliate și brânză feta mărunțită. Se amestecă până se îmbracă bine cu pesto.//
e) Se condimenteaza cu sare si piper negru dupa gust.//
f) Se ornează cu frunze proaspete de busuioc înainte de servire.

63.Pepperoni și dovlecel cu tăitei

INGREDIENTE:
- 8 oz tăiței de dovlecel
- 1/2 cană pepperoni tăiat cubulețe
- 1 cană buchețele de broccoli
- 1/2 cană ardei gras tăiați felii (culori asortate)
- 2 linguri sos de soia
- 1 lingura sos de stridii
- 1 lingura ulei de susan
- 1 lingurita de ghimbir tocat
- Seminte de susan pentru garnitura
- Ceapa verde, feliata, pentru decor

INSTRUCȚIUNI:

a) Într-un wok sau o tigaie mare, încălziți uleiul de susan la foc mediu-mare. Adăugați pepperoni tăiați cubulețe și prăjiți până devine ușor crocant.

b) Adăugați buchețele de broccoli și ardeii gras tăiați felii în wok. Se prăjește timp de 3-4 minute până când legumele sunt fragede-crocante.

c) Adăugați tăiței de dovlecel și ghimbir tocat. Se prăjește încă 2-3 minute.

d) Într-un castron mic, amestecați împreună sosul de soia și sosul de stridii. Se toarnă sosul peste tăiței și legume, amestecând pentru a se combina.

e) Se ornează cu semințe de susan și ceapă verde feliată înainte de servire.

64.Fettuccine pepperoni și ardei roșu prăjit

INGREDIENTE:
- 8 oz paste fettuccine
- 1/2 cană pepperoni tăiat cubulețe
- 1/2 cană ardei roșii prăjiți, feliați
- 1 cană sos Alfredo
- 1/4 cană parmezan ras
- Pătrunjel proaspăt pentru garnitură
- Ulei de masline
- Sare si piper negru dupa gust

INSTRUCȚIUNI:
a) Gatiti pastele fettuccine conform instructiunilor de pe ambalaj. Scurgeți și puneți deoparte.
b) Într-o tigaie, încălziți ulei de măsline la foc mediu. Adăugați pepperoni tăiați cubulețe și căliți până devine ușor crocant.
c) Adăugați ardeii roșii prăjiți în tigaie și gătiți încă 2 minute.
d) Se toarnă sosul Alfredo și se aduce la fiert.
e) Adăugați fettuccine gătite și parmezan ras. Se amestecă până se îmbracă bine cu sosul Alfredo.
f) Se condimenteaza cu sare si piper negru dupa gust.
g) Se ornează cu pătrunjel proaspăt înainte de servire.

65. Spaghete cu pepperoni și sparanghel cu lămâie

INGREDIENTE:
- 8 oz spaghete
- 1/2 cană pepperoni tăiat cubulețe
- 1 buchet sparanghel, tăiat și tăiat în bucăți mici
- Coaja și zeama de la 1 lămâie
- 2 linguri ulei de masline
- 1/4 cană brânză Pecorino Romano rasă
- Frunze de cimbru proaspăt pentru ornat
- Sare si piper negru dupa gust

INSTRUCȚIUNI:

a) Gatiti spaghetele conform instructiunilor de pe ambalaj. Scurgeți și puneți deoparte.

b) Într-o tigaie mare, încălziți ulei de măsline la foc mediu. Adăugați pepperoni tăiați cubulețe și căliți până devine ușor crocant.

c) Adăugați bucăți de sparanghel în tigaie și gătiți până devine fraged-crocant.

d) Adăugați spaghetele fierte, coaja de lămâie și sucul de lămâie. Se amestecă până se combină bine.

e) Presărați brânză Pecorino Romano rasă peste paste și amestecați.

f) Se condimenteaza cu sare si piper negru dupa gust.

FORM PRINCIPAL

66.Pâine pesto cu ardei și roșii uscate

INGREDIENTE:
- Pâine sau crustă de pizza
- 1/2 cană pesto de roșii uscate la soare
- 1 cană pepperoni felii
- 1/2 cană măsline negre feliate
- 1 1/2 cană de brânză mozzarella măruntită
- Frunze de busuioc proaspăt pentru decor

INSTRUCȚIUNI:
a) Preîncălziți cuptorul conform instrucțiunilor pentru pâine sau crusta de pizza.
b) Întindeți pesto de roșii uscate peste pâine.
c) Distribuiți uniform pepperoni felii și măsline negre deasupra.
d) Presărați brânză mozzarella peste toppinguri.
e) Coaceți conform instrucțiunilor pentru pâine sau crusta de pizza până când brânza este topită și clocotește.
f) Se ornează cu frunze proaspete de busuioc înainte de servire.

67. Carbquik Pizza Caserolă

INGREDIENTE:
PENTRU CASEROLĂ:
- 2 căni de Carbquik
- ½ linguriță de condimente italiene (sau busuioc uscat și oregano)
- ¼ linguriță de usturoi pudră
- ¼ lingurita praf de ceapa
- ¼ lingurita sare
- ¼ lingurita piper negru
- 2 ouă mari
- ½ cană lapte de migdale neîndulcit sau lapte de cocos
- ¼ cană ulei de măsline
- ½ cană parmezan ras

PENTRU GARNITURILE:
- 1 cană sos de pizza fără zahăr sau sos marinara
- 2 căni de brânză mozzarella măruntită
- ½ cană pepperoni felii

INSTRUCȚIUNI:

a) Preîncălziți cuptorul la 375°F (190°C). Ungeți o tavă de copt de 9 x 13 inci cu ulei de gătit sau unt.

b) Într-un castron, amestecați Carbquik, condimentele italiene, pudra de usturoi, praf de ceapă, sare și piper negru.

c) Într-un castron separat, bateți ouăle, laptele de migdale sau laptele de cocos și uleiul de măsline până se combină bine.

d) Turnați amestecul de ouă umed în amestecul uscat de Carbquik și amestecați până se formează un aluat gros.

e) Apăsați uniform aluatul pe fundul vasului de copt uns pentru a forma stratul de crustă.

f) Presărați parmezanul ras uniform peste aluat.

g) Întindeți sosul de pizza fără zahăr sau sosul marinara peste parmezan.

h) Presărați brânza mozzarella mărunțită uniform peste sos.

i) Adăugați pepperoni uniform peste brânză.

j) Coacem in cuptorul preincalzit pentru aproximativ 20-25 de minute, sau pana cand crusta este aurie si branza este clocotita si usor rumenita.

k) Odată gata, scoateți caserola din cuptor și lăsați-o să se răcească puțin înainte de a feli și servi.

l) Bucurați-vă de caserola de pizza Carbquik ca alternativă cu conținut scăzut de carbohidrați la pizza tradițională.

68.Pui Pepperoni

INGREDIENTE:
- 4 piept mediu de pui; fără piele și fără os
- 14 oz. pasta de tomate
- 1 lingura. ulei de masline
- 1 lingura oregano; uscat
- 6 oz. mozzarella; feliate
- 1 lingura praf de usturoi
- 2 oz. pepperoni; feliate
- Sare si piper negru dupa gust

INSTRUCȚIUNI:

a) Într-un castron, amestecați puiul cu sare, piper, praf de usturoi și oregano și amestecați.

b) Pune puiul în friteuza cu aer, gătește la 350 °F, timp de 6 minute și transferă-l într-o tigaie care se potrivește cu friteuza.

c) Adăugați felii de mozzarella deasupra, întindeți pastă de roșii, acoperiți cu felii de pepperoni, introduceți în friteuza cu aer și gătiți la 350 °F, încă 15 minute. Împărțiți în farfurii și serviți.

69.Calzone cu pepperoni și ciuperci

INGREDIENTE:
- aluat de pizza
- 1/2 cană sos pizza
- 1 cană ciuperci feliate
- 1/2 cană pepperoni tăiat cubulețe
- 1 1/2 cană de brânză mozzarella mărunțită
- 1 lingura ulei de masline
- Oregano uscat pentru garnitură

INSTRUCȚIUNI:
a) Preîncălziți cuptorul la 425°F (220°C).
b) Întindeți aluatul de pizza pe o suprafață tapetă cu făină.
c) Întindeți sosul de pizza peste jumătate din aluat, lăsând un chenar pe margini.
d) Peste sos se adaugă ciuperci feliate și pepperoni tăiat cubulețe, apoi se stropește cu brânză mozzarella.
e) Îndoiți cealaltă jumătate de aluat peste toppinguri și ungeți marginile pentru a sigila.
f) Ungeți blatul cu ulei de măsline și stropiți cu oregano uscat.
g) Coacem 15-20 de minute sau pana cand calzona este aurie si branza se topeste.
h) Se lasa sa se raceasca putin inainte de a taia si servi.

70.Piept de pui umplut pepperoni si spanac

INGREDIENTE:
- 4 piept de pui dezosați și fără piele
- 1/2 cană pepperoni tăiat cubulețe
- 1 cană spanac proaspăt tocat
- 1 cană de brânză mozzarella mărunțită
- 2 linguri ulei de masline
- Sare si piper dupa gust

INSTRUCȚIUNI:
a) Preîncălziți cuptorul la 375 ° F (190 ° C).
b) Fluture fiecare piept de pui.
c) Într-un castron, combinați pepperoni tăiați cubulețe, spanacul tocat și brânza mozzarella.
d) Umpleți fiecare piept de pui cu amestecul de pepperoni și spanac.
e) Asigurați cu scobitori dacă este necesar.
f) Condimentam pieptul de pui umplut cu sare si piper.
g) Se încălzește ulei de măsline într-o tigaie care poate fi folosită pentru cuptor, la foc mediu-mare.
h) Rumeniți puiul pe ambele părți, apoi transferați tigaia la cuptor.
i) Coaceți timp de 20-25 de minute sau până când puiul este gătit.
j) Se lasa sa se odihneasca inainte de servire.

71.Supă Pizza Cu Pâine prăjită cu usturoi

INGREDIENTE:
- 1 conserve (28 uncii) de roșii tăiate cubulețe, scurse
- 1 cutie (15 uncii) sos de pizza
- 1 kilogram de piept de pui dezosat și fără piele, tăiat în bucăți de 1 inch
- 1 pachet (3 uncii) pepperoni felii, tăiat la jumătate
- 1 cană ciuperci proaspete feliate
- 1 ceapa mica, tocata
- 1/2 cană de ardei verde tocat
- 1/4 lingurita piper
- 2 cutii (14-1/2 uncii fiecare) bulion de pui
- 1 pachet (11-1/4 uncii) usturoi congelat Texas pâine prăjită
- 1 pachet (10 uncii) spanac tocat congelat, dezghețat și stors uscat
- 1 cană de brânză mozzarella mărunțită parțial degresată

INSTRUCȚIUNI:

a) Se amestecă primele 9 ingrediente într-un 6-qt. Care gateste incet. Gatiti la foc mic, acoperit, timp de 6-8 minute, pana cand puiul este fraged.

b) Crutoane: feliați pâine prăjită Texas în cuburi. Coaceți urmând instrucțiunile de pe ambalaj.

c) Pune spanacul în supă, apoi se încălzește, amestecând din când în când.

d) Puneți crutoane calde și brânză deasupra porțiilor. Congelare: În recipiente congelatoare, congelați supa răcită. Utilizare: la frigider, dezghețați parțial peste noapte. Într-o cratiță, încălziți, amestecând din când în când. Pregătiți crutoanele conform instrucțiunilor. Puneți crutoane și brânză peste supă.

72. Pepperoni și Calamari cu crustă de porumb

INGREDIENTE:
- 1 kilogram inele de calamari, curățate și dezghețate dacă sunt congelate
- 1/2 cană făină de porumb măcinată fin
- 1/2 cană făină universală
- 1 lingurita boia afumata
- Sare si piper dupa gust
- 1 cană pepperoni felii
- Sos marinara pentru scufundare

INSTRUCȚIUNI:
a) Într-un castron, combinați făina de porumb, făina, boia de ardei afumată, sare și piper.
b) Dragă fiecare inel de calamari în amestecul de făină de porumb.
c) Încinge uleiul într-o tigaie la foc mediu-înalt.
d) Prăjiți inelele de calamar până devin maro auriu și crocante.
e) În ultimul minut de prăjire, adăugați pepperoni felii în tigaie.
f) Scurgeți pe prosoape de hârtie și serviți cu sos marinara pentru înmuiere.

73.Calzone la gratar

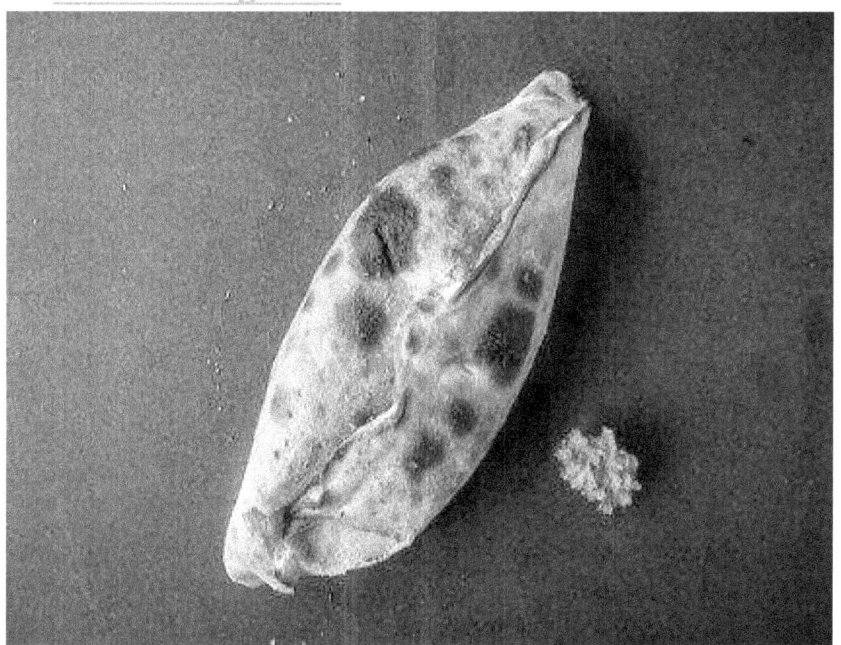

INGREDIENTE:
- 2 linguri. Margarina sau unt, inmuiat
- 8 segmente Paine alba de sandvici
- 1/2 cană sos pizza
- 2 căni de brânză Monterey Jack măruntită
- 12 bucăți subțiri de salam sau pepperoni
- Sos pizza, dacă se dorește

INSTRUCȚIUNI:

a) Încălzește cărbuni sau grătar cu gaz. Întindeți margarina pe o parte a celor 2 bucăți de pâine. Puneți 1 segment, cu partea cu margarina în afară, pe grătar

b) Pune 2 linguri de sos de pizza pe mijlocul pâinii . Se presară cu 1/2 cană de brânză; superior cu 3 segmente de salam.

c) Acoperiți cu alt segment de pâine, cu margarina în afară. Apăsați închideți; tăiați excesul de pâine dacă este necesar.

d) grătar 4 până la 6 inci de la căldură moderată 8 până la 10 minute, rotind o dată, până când pâinea este maro aurie și brânza este topită. replicați cu ingredientele rămase.

e) Se serveste cald cu sos de pizza

74.Chiftele cu ardei

INGREDIENTE:
- 2 kg pui măcinat
- 1 lingurita sare sau dupa gust
- 2 ouă, bătute
- 1 lingurita piper sau dupa gust
- ½ kg felii de pepperoni, tocate
- Sos iute dupa gust (optional)

INSTRUCȚIUNI:

a) Combinați puiul, sarea, ouăle, piperul și pepperoni într-un castron.

b) Pregătiți o tavă de copt tapetându-o cu hârtie de copt și preîncălziți cuptorul la 350 ° F.

c) Faceți 16 bile din amestec și puneți-le pe tava de copt.

d) Coaceți chiftelele aproximativ 20-30 de minute sau până când se rumenesc și sunt fierte. Aruncă biluțele de două ori în timp ce se coace, astfel încât să se gătească bine. Sau poți chiar găti biluțele într-o tigaie.

75. Pepperoni și ardei gras umpluți cu legume

INGREDIENTE:
- Ardei gras, tăiați la jumătate și curățați
- 1 cană de orez fiert
- 1/2 cană pepperoni tăiat cubulețe
- 1/2 cană roșii tăiate cubulețe
- 1/2 cană dovlecel tăiat cubulețe
- 1/2 cană brânză mozzarella mărunțită
- 1 lingurita condimente italiene
- Sare si piper dupa gust

INSTRUCȚIUNI:
a) Preîncălziți cuptorul la 375 ° F (190 ° C).
b) Într-un castron, amestecați orezul fiert, ardeiul tăiat cubulețe, roșiile tăiate cubulețe, dovleceii tăiați cubulețe, brânză mozzarella, condimentele italiene, sare și piper.
c) Umpleți fiecare jumătate de ardei gras cu amestecul.
d) Puneți ardeii umpluți într-o tavă de copt și acoperiți cu folie.
e) Coaceți 25-30 de minute sau până când ardeii sunt fragezi.
f) Serviți cald.

76.Pepperoni și Stromboli de Legume

INGREDIENTE:
- aluat de pizza
- 1/2 cană sos pizza
- 1 cană ardei gras tăiați felii (culori asortate)
- 1/2 cană ceapă roșie feliată
- 1/2 cană măsline negre feliate
- 1/2 cană pepperoni tăiat cubulețe
- 1 1/2 cană de brânză mozzarella măruntită
- Ulei de măsline pentru periaj

INSTRUCȚIUNI:
a) Preîncălziți cuptorul la 425°F (220°C).
b) Întindeți aluatul de pizza pe o suprafață tapetă cu făină.
c) Întindeți sosul de pizza peste aluat, lăsând un chenar pe margini.
d) Peste sos se pune ardei gras, ceapa rosie, masline negre, ardei cubulete si branza mozzarella.
e) Rulați aluatul strâns pentru a forma un buștean și puneți-l cu cusătura în jos pe o tavă de copt.
f) Ungeți blatul cu ulei de măsline.
g) Coaceți 20-25 de minute sau până când se rumenesc.
h) Se lasă să se răcească puțin înainte de a tăia felii.

77.Tortellini cu pepperoni și pesto

INGREDIENTE:
- 1 kilogram de tortellini cu brânză, gătiți conform instrucțiunilor de pe ambalaj
- 1/2 cană pepperoni tăiat cubulețe
- 1 cană de roșii cherry, tăiate la jumătate
- 1/2 cană sos pesto
- 1 cană de brânză mozzarella mărunțită
- 1/4 cană parmezan ras
- Busuioc proaspăt pentru decor

INSTRUCȚIUNI:
a) Preîncălziți cuptorul la 375 ° F (190 ° C).
b) Într-un castron mare, combinați tortellini gătiți, pepperoni tăiați cubulețe, roșiile cherry și sosul pesto.
c) Transferați amestecul într-o tavă de copt.
d) Se presara cu mozzarella si parmezan.
e) Coaceți 20-25 de minute sau până când brânza este topită și clocotită.
f) Se ornează cu busuioc proaspăt înainte de servire.

SUPE

78.Cioda de pizza pepperoni

INGREDIENTE:

- 8 oz. Pepperoni, cubulete
- 5 oz. Ciuperci, proaspete, tăiate cubulețe
- 28 oz. Roșii, conservate, tăiate cubulețe, scurse
- 3 oz. Baza de vita
- 1 ea. Bază de supă cremă, 25,22 oz. geanta, pregatita
- 0,05 oz. Oregano, proaspăt, tocat
- 1 lingura Piper alb, măcinat
- 16 oz. Brânză Mozzarella, mărunțită

INSTRUCȚIUNI:

a) Într-o oală mare, la foc mediu, căliți ardeiul timp de 3-5 minute. Adăugați ciupercile și roșiile, gătiți încă 5 minute. Adăugați baza de carne de vită, amestecați bine pentru a se combina. Adăugați baza de supă cremă, oregano și piper alb, amestecați bine și încălziți. Se amestecă brânza mozzarella și se încălzește până se topește. Rezervați cald.

b) În farfurie: Serviți 10,0 fl. oz. de Cioda de ardei într-un castron.

79.Chili de curcan înăbușit cu pepperoni

INGREDIENTE:
- 1 lingura ulei de masline (extra virgin)
- 1 ceapă medie, tăiată cubulețe
- Pepperoni, tocat
- curcan de 1 kilogram, care este 99 la sută slabă
- 2 cutii (15 oz) de fasole neagră spălată și scursă
- 2 cutii (15 oz) de fasole spălată și scursă
- 2 conserve (15 oz.) de sos de rosii
- 2 cutii (15 oz.) de roșii mici tăiate cubulețe
- 1 borcan (16 oz.) ardei jalapeno îmblânziți tocați, scurși
- 1 cană de porumb congelat
- 2 linguri praf de chili
- 1 lingura de chimen
- Sarat la gust
- Ciupiți piper negru

INSTRUCȚIUNI:
a) Încinge uleiul într-o tigaie la foc mediu.
b) Adăugați curcanul în tigaie și prăjiți până se rumenește.
c) Turnați curcanul în aragazul lent.
d) Adăugați ceapa, pepperoni, sos de roșii, roșii tăiate cubulețe, fasole, jalapenos, porumb, chili pudră și chimen. Se amestecă și se condimentează cu sare și piper.
e) Acoperiți și gătiți la foc mare timp de 4 ore sau la foc mic timp de 6 ore.

80.Supă de brânză pepperoni

INGREDIENTE:
- 1 litru de roșii struguri
- 2 linguri ulei de măsline, împărțit
- 1/2 lingurita oregano uscat
- 1/2 lingurita piper, impartit
- 3/4 cana ceapa dulce tocata
- 3/4 cana morcovi tocati
- 3/4 cană piper verde tocat
- 1 cutie (32 uncii) bulion de pui cu conținut redus de sodiu
- 1-1/4 cani de cartofi curatati cubulete
- 3 căni de brânză mozzarella mărunțită parțial degresată, împărțită
- 2 căni de brânză cheddar albă mărunțită
- 1 pachet (8 uncii) cremă de brânză, tăiată cubulețe
- 1 cană lapte integral
- 2 lingurite de pizza sau condimente italiene
- 1/4 lingurita fulgi de ardei rosu macinati
- 2 pachete (unul de 8 uncii, unul de 3-1/2 uncii) pepperoni felii, tocat, împărțit

INSTRUCȚIUNI:

a) Ungeți tava de copt de 15x10x1 inch și puneți roșiile, stropindu-le cu 1/4 linguriță. piper, oregano și 1 lingură. ulei și se amestecă ușor. Coaceți până se înmoaie sau timp de 10-15 minute la 400 de grade, apoi lăsați deoparte.

b) Utilizați uleiul rămas pentru a căli ceapa într-un cuptor olandez până când se înmoaie. Adăugați ardeiul rămas, ardeiul verde și morcovii, apoi căleți-l timp de încă 4 minute.

c) Adăugați cartofi și bulion, apoi lăsați să fiarbă. Coborâți focul apoi gătiți supa acoperită până când cartofii se înmoaie, sau timp de 10-15 minute, apoi lăsați să se răcească puțin.

d) Procesați supa în loturi folosind un blender până devine omogenă, apoi puneți totul înapoi în tigaie, încălzind-o complet. Se amestecă fulgi de piper, condimente pentru pizza, lapte, brânză cremă, brânză cheddar și 2 căni de brânză mozzarella, până când toate brânzeturile se topesc.

e) Adăugați roșiile rezervate și 1 1/3 cană pepperoni, lăsând să se încălzească. Serviți supa cu ce a mai rămas din pepperoni și brânză mozzarella.

81.Supă de pepperoni și roșii

INGREDIENTE:

- 2 linguri ulei de masline
- 1 cană ceapă tăiată cubulețe
- 1 cană țelină tăiată cubulețe
- 1 cană morcov tăiat cubulețe
- 2 catei de usturoi, tocati
- 1/2 cană pepperoni tăiat cubulețe
- 1 conserve (28 oz) de roșii zdrobite
- 4 cesti supa de pui sau legume
- 1 lingurita busuioc uscat
- Sare si piper dupa gust
- 1/2 cană paste mici (opțional)

INSTRUCȚIUNI:

a) Într-o oală mare, încălziți ulei de măsline la foc mediu. Adăugați ceapa, țelina și morcovul. Gatiti pana cand legumele se inmoaie.

b) Adăugați usturoiul tocat și pepperonii tăiați cubulețe. Gatiti inca 2 minute.

c) Se toarnă roșiile zdrobite și bulionul. Aduceți la fiert.

d) Se amestecă busuioc uscat, sare și piper. Adăugați pastele dacă doriți.

e) Se fierbe timp de 15-20 de minute până când aromele se îmbină și legumele sunt fragede.

f) Se serveste fierbinte.

82.Supă de pepperoni și fasole

INGREDIENTE:
- 2 linguri ulei de masline
- 1 cană ceapă tăiată cubulețe
- 2 catei de usturoi, tocati
- 1/2 cană pepperoni tăiat cubulețe
- 2 cutii (15 oz fiecare) de fasole cannellini, scurse și clătite
- 4 cesti supa de pui sau legume
- 1 lingurita oregano uscat
- Sare si piper dupa gust
- Pătrunjel proaspăt pentru garnitură

INSTRUCȚIUNI:
a) Într-o oală de supă, încălziți ulei de măsline la foc mediu. Adăugați ceapa și gătiți până se înmoaie.
b) Adăugați usturoiul tocat și pepperonii tăiați cubulețe. Gatiti inca 2 minute.
c) Se amestecă fasole cannellini, bulion, oregano uscat, sare și piper.
d) Aduceți la fiert și gătiți timp de 15-20 de minute.
e) Se ornează cu pătrunjel proaspăt înainte de servire.

83.Cioda de ardei si cartofi

INGREDIENTE:
- 3 linguri de unt
- 1 cană ceapă tăiată cubulețe
- 2 catei de usturoi, tocati
- 1/2 cană pepperoni tăiat cubulețe
- 4 cani de cartofi taiati cubulete
- 4 cesti supa de pui sau legume
- 1 cană lapte
- 1 cană brânză cheddar mărunțită
- Sare si piper dupa gust
- Ceapa verde tocata pentru decor

INSTRUCȚIUNI:
a) Într-o oală mare, topește untul la foc mediu. Adăugați ceapa și gătiți până devine translucid.
b) Adăugați usturoiul tocat și pepperonii tăiați cubulețe. Gatiti inca 2 minute.
c) Adăugați cartofii tăiați cubulețe și bulionul. Se aduce la fierbere, apoi se reduce focul și se fierbe până când cartofii sunt fragezi.
d) Se amestecă laptele, brânza cheddar mărunțită, sare și piper. Gatiti pana se topeste branza.
e) Se orneaza cu ceapa verde tocata inainte de servire.

84.Supă de pepperoni și linte

INGREDIENTE:
- 2 linguri ulei de masline
- 1 cană ceapă tăiată cubulețe
- 2 catei de usturoi, tocati
- 1/2 cană pepperoni tăiat cubulețe
- 1 cană de linte uscată, clătită și scursă
- 8 cesti supa de pui sau legume
- 1 lingurita chimen macinat
- 1/2 lingurita boia afumata
- Sare si piper dupa gust
- Roți proaspete de lămâie pentru servire

INSTRUCȚIUNI:
a) Într-o oală mare de supă, încălziți ulei de măsline la foc mediu. Adăugați ceapa și gătiți până se înmoaie.
b) Adăugați usturoiul tocat și pepperonii tăiați cubulețe. Gatiti inca 2 minute.
c) Se amestecă linte uscată, bulion, chimen măcinat, boia afumată, sare și piper.
d) Se aduce la fierbere, apoi se reduce focul și se fierbe până când lintea se înmoaie.
e) Se serveste fierbinte cu felii de lamaie proaspata.

85.Supă de pepperoni și ciuperci de orz

INGREDIENTE:
- 2 linguri ulei de masline
- 1 cană ceapă tăiată cubulețe
- 1 cană țelină tăiată cubulețe
- 1 cană morcov tăiat cubulețe
- 2 catei de usturoi, tocati
- 1/2 cană pepperoni tăiat cubulețe
- 8 oz ciuperci, feliate
- 1 cană de orz perlat, clătit
- 8 cesti supa de vita sau de legume
- 1 lingurita de cimbru uscat
- Sare si piper dupa gust

INSTRUCȚIUNI:

a) Într-o oală mare, încălziți ulei de măsline la foc mediu. Adăugați ceapa, țelina, morcovul și usturoiul. Gatiti pana cand legumele se inmoaie.

b) Adăugați pepperoni tăiați cubulețe și ciupercile tăiate felii. Gatiti inca 3-5 minute.

c) Se amestecă orz perlat, bulion, cimbru uscat, sare și piper. Aduceți la fiert.

d) Se fierbe aproximativ 40-45 de minute sau până când orzul este fraged.

e) Se serveste fierbinte.

86.Supă de pepperoni și fasole albă

INGREDIENTE:

- 2 linguri ulei de masline
- 1 cană ceapă tăiată cubulețe
- 2 catei de usturoi, tocati
- 1/2 cană pepperoni tăiat cubulețe
- 1 buchet scarola, tocat
- 2 cutii (15 oz fiecare) de fasole cannellini, scurse și clătite
- 8 cesti supa de pui sau legume
- 1 lingurita rozmarin uscat
- Sare si piper dupa gust

INSTRUCȚIUNI:

a) Într-o oală de supă, încălziți ulei de măsline la foc mediu. Adăugați ceapa și gătiți până devine translucid.
b) Adăugați usturoiul tocat și pepperonii tăiați cubulețe. Gatiti inca 2 minute.
c) Se amestecă scarola tocată, fasole cannellini, bulion, rozmarin uscat, sare și piper.
d) Aduceți la fiert și gătiți aproximativ 15-20 de minute.
e) Se serveste fierbinte.

87.Supă pepperoni și tortellini

INGREDIENTE:
- 2 linguri ulei de masline
- 1 cană ceapă tăiată cubulețe
- 2 catei de usturoi, tocati
- 1/2 cană pepperoni tăiat cubulețe
- 6 cesti supa de pui
- 1 pachet (aproximativ 20 oz) tortellini cu brânză
- 1 conserve (14 oz) de roșii tăiate cubulețe
- 1 lingurita condiment italian uscat
- Sare si piper dupa gust
- Busuioc proaspăt pentru decor

INSTRUCȚIUNI:
a) Într-o oală mare, încălziți ulei de măsline la foc mediu. Adăugați ceapa și gătiți până se înmoaie.
b) Adăugați usturoiul tocat și pepperonii tăiați cubulețe. Gatiti inca 2 minute.
c) Se toarnă supa de pui și se aduce la fierbere. Adăugați tortellini cu brânză și gătiți conform instrucțiunilor de pe ambalaj.
d) Se amestecă roșiile tăiate cubulețe, condimentele italiene uscate, sare și piper.
e) Se fierbe timp de 5-7 minute. Se ornează cu busuioc proaspăt înainte de servire.

88.Supă Orzo cu ardei și spanac

INGREDIENTE:
- 2 linguri ulei de masline
- 1 cană ceapă tăiată cubulețe
- 2 catei de usturoi, tocati
- 1/2 cană pepperoni tăiat cubulețe
- 1 cană paste orzo
- 8 cesti supa de pui sau legume
- 4 cesti frunze proaspete de spanac
- 1/2 cană parmezan ras
- Sare si piper dupa gust

INSTRUCȚIUNI:
a) Într-o oală de supă, încălziți ulei de măsline la foc mediu. Adăugați ceapa și gătiți până devine translucid.
b) Adăugați usturoiul tocat și pepperonii tăiați cubulețe. Gatiti inca 2 minute.
c) Se amestecă pastele orzo și bulion. Se aduce la fierbere și se fierbe până când orzoul este fiert.
d) Adăugați spanac proaspăt și gătiți până se ofilește.
e) Se condimentează cu sare și piper și se amestecă parmezan ras înainte de servire.

SALATE

89.Salata Tortellini

INGREDIENTE:
- 1 pachet tortellini cu branza tricolore
- ½ cană pepperoni tăiat cubulețe
- ¼ cană de ceai tăiat felii
- 1 ardei gras verde taiat cubulete
- 1 cană de roșii cherry tăiate în jumătate
- 1¼ cani măsline Kalamata feliate
- ¾ cană inimioare de anghinare marinate mărunțite
- 6 uncii de brânză mozzarella tăiată cubulețe
- ⅓ cană sos italian

INSTRUCȚIUNI:
a) Gatiti tortellini conform instructiunilor de pe ambalaj, apoi scurgeti.
b) Turnați tortellini cu ingredientele rămase, cu excepția sosului, într-un castron mare.
c) Stropiți dressingul deasupra.
d) Se lasa 2 ore la rece.

90.Salată Wonton Antipasto

INGREDIENTE:
- 4 căni de verdeață amestecată
- 1/4 cană salam feliat
- 1/4 cană pepperoni felii
- 1/4 cană brânză provolone feliată
- 1/4 cană ardei roșu copți feliați
- 8 împachetări wonton, prăjite și tocate

ÎMBSĂMÂNT:
- 2 linguri otet de vin rosu
- 1 lingura ulei de masline
- 1 cățel de usturoi, tocat
- Sare si piper dupa gust

INSTRUCȚIUNI:

a) Într-un castron mare, combinați verdețurile amestecate, salamul feliat, pepperoni felii, brânză provolone feliată și ardeii roșii copți felii.

b) Într-un castron mic, amestecați împreună oțetul de vin roșu, uleiul de măsline, usturoiul tocat, sare și piper pentru a face dressingul.

c) Se toarnă dressingul peste salată și se amestecă.

d) Deasupra cu wonton prajite tocate.

e) Serviți imediat.

91. Pepperoni și salată de paste

INGREDIENTE:
- 2 cani de paste fierte (cum ar fi rotini sau fusilli), racite
- 1/2 cană pepperoni tăiat cubulețe
- 1/2 cană roșii cherry, tăiate la jumătate
- 1/4 cană măsline negre feliate
- 1/4 cană castraveți tăiați cubulețe
- 1/4 cană ardei gras roșu tăiat cubulețe
- 1/4 cană brânză mozzarella mărunțită
- sos italian
- Pătrunjel proaspăt pentru garnitură

INSTRUCȚIUNI:

a) Într-un castron mare, combinați pastele fierte, ardei ardei tăiat cubulețe, roșii cherry, măsline negre, castraveți, ardei gras roșu și brânză mozzarella mărunțită.

b) Stropiți cu dressing italian și amestecați pentru a se combina.

c) Se ornează cu pătrunjel proaspăt înainte de servire.

92.Pepperoni și salată Caesar

INGREDIENTE:
- 4 cani de salata romana tocata
- 1/2 cană pepperoni tăiat cubulețe
- 1/4 cană parmezan ras
- 1/2 cană crutoane
- Pansament Caesar
- Piper negru proaspăt măcinat

INSTRUCȚIUNI:
a) Într-un castron mare, combinați salata romă tocată, pepperonii tăiați cubulețe, parmezanul ras și crutoanele.
b) Stropiți cu dressing Caesar și amestecați pentru a acoperi uniform.
c) Presărați deasupra piper negru proaspăt măcinat înainte de servire.

93.Salata de ardei si naut

INGREDIENTE:
- 2 căni de verdeață de salată mixtă
- 1/2 cană pepperoni tăiat cubulețe
- 1 conserve (15 oz) de năut, scurs și clătit
- 1/2 cană roșii cherry, tăiate la jumătate
- 1/4 cană castraveți feliați
- 1/4 cană ceapă roșie feliată
- Brânza feta se sfărâmă
- Pansament grecesc
- Măsline Kalamata pentru garnitură

INSTRUCȚIUNI:
a) Într-un castron mare, combinați salată verde, cubulețe de ardei, năut, roșii cherry, castraveți și ceapă roșie.
b) Se presară cu crumble de brânză feta și se stropește cu dressing grecesc. Se amestecă pentru a combina.
c) Se ornează cu măsline Kalamata înainte de servire.

94. Salata Caprese de Pepperoni si Avocado

INGREDIENTE:
- 4 căni de verdeață de salată mixtă
- 1/2 cană pepperoni tăiat cubulețe
- 1 cană de roșii cherry, tăiate la jumătate
- 1 avocado, taiat cubulete
- 1/2 cană bile proaspete de mozzarella
- Glazură balsamică
- Frunze de busuioc proaspăt pentru decor

INSTRUCȚIUNI:

a) Într-un castron mare, combinați salată verde, pepperoni tăiat cubulețe, roșii cherry, avocado tăiat cubulețe și bile proaspete de mozzarella.

b) Stropiți cu glazură balsamică și amestecați ușor pentru a se combina.

c) Se ornează cu frunze proaspete de busuioc înainte de servire.

95. Salata de pepperoni si quinoa

INGREDIENTE:
- 2 cani de quinoa fiarta, racita
- 1/2 cană pepperoni tăiat cubulețe
- 1/2 cană castraveți, tăiați cubulețe
- 1/2 cană roșii cherry, tăiate la jumătate
- 1/4 cana ceapa rosie, tocata marunt
- 1/4 cană brânză feta crumble
- Sos de vinaigretă cu lămâie
- Pătrunjel proaspăt pentru garnitură

INSTRUCȚIUNI:

a) Într-un castron mare, combinați quinoa fiartă, pepperoni tăiați cubulețe, castraveții, roșiile cherry, ceapa roșie și crumblele de brânză feta.

b) Stropiți cu vinaigretă de lămâie și amestecați pentru a combina.

c) Se ornează cu pătrunjel proaspăt înainte de servire.

96.Salata de capsuni pepperoni si spanac

INGREDIENTE:
- 4 căni de spanac baby
- 1/2 cană pepperoni tăiat cubulețe
- 1 cană căpșuni proaspete, feliate
- 1/4 cană migdale feliate
- Brânza feta se sfărâmă
- Sos de vinaigretă balsamică

INSTRUCȚIUNI:
a) Într-un castron mare, combinați spanac pentru copii, pepperoni tăiați cubulețe, căpșunile feliate, migdalele feliate și crumblele de brânză feta.
b) Stropiți cu sos de vinaigretă balsamic și amestecați ușor pentru a se combina.

97.Salata greceasca de ardei si naut

INGREDIENTE:
- 4 cani de salata romana tocata
- 1/2 cană pepperoni tăiat cubulețe
- 1 conserve (15 oz) de năut, scurs și clătit
- 1/2 cană roșii cherry, tăiate la jumătate
- 1/4 cană castraveți feliați
- 1/4 cană ceapă roșie feliată
- măsline Kalamata
- Brânza feta se sfărâmă
- Pansament grecesc

INSTRUCȚIUNI:

a) Într-un castron mare, combinați salata romană tocată, pepperoni tăiați cubulețe, năut, roșii cherry, castraveți, ceapă roșie, măsline Kalamata și crumbles de brânză feta.

b) Stropiți cu dressing grecesc și amestecați ușor pentru a se combina.

DESERT

98. Pepperoni și scoarță de ciocolată

INGREDIENTE:
- Ciocolata neagra sau ciocolata cu lapte, topita
- Mini felii de pepperoni
- Covrigei zdrobiți
- nuci tocate (optional)

INSTRUCȚIUNI:

a) Tapetați o foaie de copt cu hârtie de copt.

b) Se toarnă ciocolata topită pe hârtie de pergament, întinzând-o uniform.

c) Presărați mini felii de pepperoni, covrigei zdrobiți și nuci tăiate peste ciocolată.

d) Lăsați ciocolata să se fixeze la frigider.

e) Odată așezat, spargeți coaja în bucăți și bucurați-vă de această gustare dulce și savuroasă.

99.Cupcakes cu pepperoni de arțar

INGREDIENTE:
- Aluat pentru cupcakes la alegere
- Glazura de arțar
- Pepperoni fiert crocant pentru garnitură

INSTRUCȚIUNI:
a) Coaceți cupcakes-urile preferate conform rețetei sau cutiei
b) Odată răcit, înghețați cupcakes-urile cu glazură de arțar.
c) Ornați fiecare cupcake cu o bucată de pepperoni copt crocant.

100.Tort Pizza Pepperoni

INGREDIENTE:
- 2 cutii (13,8 oz) crusta de pizza la frigider
- 1 1/2 cană de sos de pizza (din cutie de 15 oz)
- 3 căni de brânză mozzarella măruntită (12 oz)
- 1 cană pepperoni felii
- 1 lingura de unt, daca se doreste

INSTRUCȚIUNI:

a) Încinge cuptorul la 400°F. Pulverizați ușor o foaie mare de prăjituri cu spray de gătit sau stropiți cu ulei de măsline.

b) Măsurați diametrul tăvii rezistente la cuptor cu laturi înalte. (Tava folosită a fost de 6 inchi în diametru și 4 inci înălțime.) Desfășurați 1 cutie de aluat pe suprafața de lucru; presați în strat subțire. Tăiați 3 (6-inch) runde; așezați pe foaie de biscuiți. Coaceți 8 minute. Scoateți din foaia de biscuiți pe grătarul de răcire; misto.

c) Desfaceți conserva de aluat rămasă; Tăiați 2 runde suplimentare (6 inchi) din marginea lungă a aluatului, lăsând partea opusă neatinsă. Puneți rondele pe o foaie de prăjituri răcită. Coaceți 8 minute. Scoateți din foaia de biscuiți; misto.

d) Între timp, tapetați tava cu hârtie de copt, astfel încât capetele hârtiei să iasă în sus și să iasă din tavă. Tăiați o fâșie lungă de aluat cu cel puțin 1/2 inch mai lată decât înălțimea tigaii. Întindeți cu atenție o fâșie lungă de aluat în jurul marginii interioare a tăvii pentru a se căptuși, lăsând 1/2 inch atârnând peste marginea exterioară a tăvii și fundul tăvii deschise. Ciupiți cusătura pentru a sigila.

e) Puneți cu grijă 1 crustă parțial coaptă în fundul tavii. Întindeți sosul de pizza peste crustă; acoperiți cu felii de pepperoni și stropiți cu brânză mozzarella (când brânza se topește, crusta de deasupra se va lipi de ea). Repetați pentru a face încă 3 straturi. Pentru stratul superior, puneți ultima crustă peste brânză; se presară cu brânză rămasă și se aranjează deasupra pepperonii rămasi.

f) Îndoiți aluatul peste stratul superior de tort de pizza pentru a face o margine ridicată a crustei.

g) Coaceți 20 până la 25 de minute sau până când aluatul din jurul tortului cu pizza este complet gătit.

h) Odată copt complet, se răcește în tavă 5 minute. Scoateți tortul cu pizza din tavă; ungeți crusta cu unt. Folosește un cuțit ascuțit pentru a tăia felii ca un tort.

CONCLUZIE

Pe măsură ce ne încheiem explorarea în lumea picantă a pepperoni, sperăm că v-ați bucurat de gama variată și delicioasă de rețete prezentate în „Cartea completă de bucate pepperoni". De la preferatele clasice cu o întorsătură până la creații îndrăznețe și inventive, această colecție este o dovadă a versatilității și a atractivității atemporale ale pepperoni în bucătărie.

Pe măsură ce experimentezi aceste 100 de rețete, poți descoperi noi modalități de a-ți infuza mâncărurile cu aromele îndrăznețe ale acestei cărni îndrăgite. Indiferent dacă ați ales să creați o capodoperă împotrivă cu pepperoni sau ați optat pentru o îmbunătățire subtilă a alimentelor preferate de confort, avem încredere că aventurile dumneavoastră culinare au fost atât incitante, cât și satisfăcătoare.

În timp ce savurați ultimele mușcături din creațiile voastre cu infuzare de pepperoni, sperăm că această carte de bucate v-a inspirat să continuați să depășiți limitele creativității dvs. culinare. De la întâlniri de familie până la nopți confortabile, lăsați lumea picantă a pepperoni să continue să adauge un strop de emoție și aromă meselor tale.

Iată o călătorie plină de gust și fie ca bucătăria ta să fie pentru totdeauna plină de aroma tentantă a deliciilor inspirate de pepperoni!

www.ingramcontent.com/pod-product-compliance
Lightning Source LLC
Chambersburg PA
CBHW071823110526
44591CB00011B/1193